「もう疲れた」と思ったときに読む本

モタさん流「心のゆとり」のつくり方

斎藤茂太
Shigeta Saito

JIPPI Compact

実業之日本社

はじめに――どうしたら真に余裕のある幸せな人生がおくれるのか

人生には、思い通りに事が進まないことも多い。

会社に勤めていれば、悲しいかな宿命で、功績があっても不本意な配置転換をさせられたり、リストラの憂き目にあうことがある。

それを「自分はもうダメなんだ」と思い込むのと、「これはチャンスだ。もう一度スタートするつもりで、自分の時間を大切にしていこう」と思うのとでは、大きな違いがある。

前者の場合は、どうして自分は評価されないのだろうという周囲への不満や、自分はもうダメなんだと絶望する気持ちが充満し、無意識のうちに「うつ病」のような心の病を抱えてしまうこともある。

しかし、人生に難題はつきものだ。どんな状況になろうとも、その人なりの希望を見い出せるかどうかにかかっている。

必要以上に自分を抑えることはないが、冷静に自分の状況を考え、振り返るようなことがあってもいい。そうすることで自分を知り、限界をわきまえておくことも社会人としては重要であるように思う。

私は日頃から「人生ほどほど、八〇パーセント主義」を唱えている。

「ほどほど」とは、いいかげんということではない。

一〇〇パーセントを求める人間は何事にも完璧を求めがちだから、どうしても挫折しやすい。仕事も家庭も自分の趣味に関しても、完璧をめざせば、それは不可能に近いだろう。ひとつのことに集中していても一〇〇を実現するケースはごくまれであるし、求め過ぎると九〇パーセント達成できても不満が残ってしまう。

たとえば、多少給料に不満があっても、人間関係や仕事の内容に満足していれば、我慢できる。このように「ほどほど」を望むようにすれば、ほかにも楽しみが生まれ、結果的に人生が二倍にも、三倍にもなるのではないか。となれば、毎日の生活がずいぶん気楽に感じられるだろう。

同じ状況であっても、満足して生きるか、不満に感じるのか、その違いをきめるのが「ほどほど」という気の持ちようなのである。

仕事の場では「人間の価値は仕事の出来、不出来できまる」というような空気があると聞く。

しかし、責任をまっとうすべく仕事に打ち込んでも、そのために大切な体を壊してしまったら、なんにもならない。第一線を退いたとき、仕事の他になにも生きがいがなければ、それはさみしい晩年になってしまう。

仕事だけ、趣味だけ、家庭だけ、ではなく、自分に合った「ほどほど」のバランスを心得ることが、人生を充実させる秘けつだと思うのだ。

私は、いくら仕事が忙しくても自分の趣味はなるべく忘れないように心がけてきた。むしろ十分楽しんでいるようだ、と人さまはおっしゃる。そんな私でも、けして順風満帆な人生だったわけではない。仕事に悩み、うつ病のような状態に陥り、苦しんだ時期もある。

現在の気ぜわしい社会で、どうしたら真に余裕のある幸せな人生がおくれるのか、私の経験なども交えながら、お話していきたいと思う。

この本が少しでも、皆さんの心を軽くし、毎日の生活に役立ってくれれば幸いである。

斎藤茂太

目次

第2章　仕事を面白くする「心のゆとり」のつくり方

第4章　すべては健康からはじまる

第5章　幸せな将来のための人生設計

装丁　杉本欣右

第1章

疲れたときこそ、ゆとりをつくろう

人生を楽しむためにもっとも大切なこと

「過労死」という言葉は、いつ頃から使われるようになったのだろうか。

日本で「過労死」が問題になると、米国の新聞紙上ではこの「過労死」を「KAROSI」というローマ字で採り上げる。「過労死」するほど働く日本人は、欧米諸国の人々から見ると異様な存在に映るのだろう。英語で「過労死」に匹敵する単語はまだないようだ。

日本人は働き過ぎだ、という評判がたってから久しい。

不況下で、仕事に就けない人々が増加し、リストラが進むのと表裏をなすように、会社に残った人には、これまで以上の負担がかかっている。

「過労死」、そして経済的な事情や人間関係などで追い詰められ、自ら命を断ってしまう人々を報じるニュースは、残念ながら、もはや珍しくなくなってしまった。

その一方で、日本人の平均寿命が女性は八五歳を超え、男性も八〇歳に迫りそうだ。もちろん、この数字は日本が男女いずれにおいても世界一の長寿国であることを意味するものだ。
「過労死」「自殺」がいつまでも減らない日本、その一方で世界一の長寿を誇る日本……。どちらも同じ国で起こっていることなのである。

この現実をどう見つめていくべきか、日本人の一人として、また医学に携わる人間として、きわめて複雑な心境である。

ひとつ言えることは、「人生太く短く」という時代から「人生細く長く」という時代に変わったということだろう。だからといって長く苦しい人生が続くということでは、けしてない。その逆で、**生き方次第で、実に二倍、三倍もの人生を楽しめる**ことになるはずなのだ。

現代は五〇代といっても活力も旺盛で、まだまだ老け込む年齢ではない。人の老後は三〇代、四〇代の生き方できまるとよくいわれるが、自分の生き方をきめるには、たとえ五〇代でも遅くないと、私は考えている。

自分を見つめ直せば、残されたおよそ三分の一の人生を有意義なものにできる。スポーツにレジャー、また盛大に恋もしよう。

最近の若い人の中には、「なぜ私を生んだのか」とか、「頼んで生んでもらったわけじゃない」などと口にする人がいるらしいが、人間として生まれた以上、楽しく生きるも空しく生きるもその人次第である。

それを親のせいにしたり、また他人のせいにしたりするのはお門違《かど》いというものだ。

人は自然を味わい、読書にふけり、恋をし、創造的に仕事を発見し、積極的に人生を楽しもうとする。本来はそういうふうにできている。しかし、現在の厳しい競争社会に生きていると、元々持っているはずのその姿勢を保つのは、なかなか難しいものだ。

そんな状況でも、充実した人生を歩むにはどうしたらよいか。

私の自論はきわめてシンプルで、**すべての基本は「健康」であるということ**だ。健康であればこそ、いきいきとした人生を送れるし、すべてに良い影響をおよぼすに違いない。

健康は生まれながらにして、誰でもが持ち合わせるものではない。この世に生を受けた時点で、健康上の試練を強いられる場合もある。そういった逆境にも負けない強い心を養っておくことも、また必要であろう。

思い詰める前にこの勇気を持とう

先日私のところに相談に来た主婦（四八歳）は、夫があまりにハードワーカーで、そのうち過労死するのではないかと心配で夜も眠れず、不眠症になってしまったという。

彼女のご主人は、「俺がやらなきゃ誰がやるんだ、俺がいなけりゃ会社がダメになっちゃうよ」というのが口癖だったそうだ。生きがいは、という問いには必ず「仕事」といい、趣味はという問いにも同じように「仕事」と答える人だった。

最初は彼女も「私の主人はこのまま突然死しても、人生に悔いなしというだろう」と思っていた。しかし、「過労死」や「うつ病」という言葉を耳にし、また目にするようになって、自分たちの人生、これでいいのだろうかと考えはじめたという。

結婚してから二〇数年、子供のため家庭のために働いてきて、やっと老後を二人で静かに過ごそうと思ったとき一人ぼっちにさせられる……なんて考えはじめたらもう止まらない。夜になってベッドに入ると、どうしてもこのことが気になり寝つけない。

そんな日々がつづくようになり、とうとう薬の力を借りないと眠れなくなってしまったという。

ところが、同時にご主人も同じことを考えはじめていた。夫婦は一心同体とはよくいったものだ。ご主人の不眠症の原因は、同世代の友人たちがバタバタと倒れこの世を去っていくという訃報がくるようになったのがきっかけらしい。

日頃から「俺から仕事と酒とタバコをとったらなにが残るんだろう」といっていた人が、好きだったタバコも、また深夜帰宅もキッパリとやめた。そして、毎晩自宅で食事をするようになったという。そうすることによって初めて時間のゆとりができ、そのゆとりのありがたさを知ったそうだ。

当然、彼女の悩みも解消し、夫婦二人で旅行をしたり散歩したりする日々が多くなった。今までふれたこともなかった自然のすばらしさも知った。

私はこれもひとつの勇気だと思っている。

人間にとって「仕事」は重要だ。それはわかる。会社に勤めているなら、仕事をしなければなんにもならないことも理解できる。

しかし、**企業人である前に、一個人であることの意味を悟ること、人間らしく生きることの大切さを知ること**――これは、実は勇気がいることだが、思い詰める前に、取り返しがつかなくなる前に、この勇気を持つことが本当に重要だと思っている。

「ほどほど」を尊んできた日本人

すべてに公正で、客観的な目を持ってことにあたるということは、ことなかれ主義ということではない。

日本はもともと何事も「中庸《ちゅうよう》」であることをよしとしてきた。これは物事が「ほどほど」によい状態のことをいう。

〝中〟とは偏らなく客観的にみて正しい徳のことをいい、公正を意味する。また〝庸〟とは、いつの時代でも変わらない安らかな心や状態のことである。

古来、日本人のものの考え方や価値観は、同情心厚く、善行を好み、周囲と調和することを大切にしてきた。花鳥風月に自分の心をたくし、自然のかそけさを大切にし、調和すること。そのおだやかな心境が「中庸」を尊んだのである。

自然と調和し自然を大切にする心は、自分自身を大切にする心につながる。

人間の体は、「気」が生命の根源であり、命の主であるといわれる。

「気」は万物にそなわる勢いのことであり、すべてのエネルギーに通ずる。自然を愛し、調和する心が気を体の中に宿す。たゆまない、おおらかな**自然の「気」に合わされば、平静の心を持つことができる**、といわれる。

都会の環境では、自然と人間のバランスは崩れてしまっている。とくに大都市では、人口的にも空間的にも飽和状態に達し、住宅や通勤難、また交通マヒ、公害問題などの社会問題が多く発生し、これらの解決にはほど遠い。

したがって、自然と人間との調和を育むといっても、非常に難しい環境だといえるだろう。

そんな状況で、ゆったりとした平静な心はなかなか保てるものではない。

しかし、このままの状態でいるといつか破滅がくる。

あわただしい日々に埋もれることなく、節度のある生活のリズムをつかむ。海や山など自然豊かな場所に出かけてリフレッシュしたり、植物を育てるのもいいだろう。

今私たちに必要なことは、静と動をバランスよく調和させることによって、ゆったりとした心を保つことであろう。

苦労の中にも生き方のヒントがある

最近、学校を卒業しても定職に就かなかったり、就職してもすぐ辞めてしまう若者が多いという。

これは、個人的な問題というより、就職したくても仕事がない、不況という社会的な背景がまずある。また、物質的に恵まれているがゆえに「やりたいことが見つからない、だからなにもできない」と思い詰めてしまっているかもしれない。

しかし、あえて厳しいことをいうと、私などの世代から見ると、今の若い人は全般的に忍耐力がなく、心理的に甘えが強いように思える。

多少の困難に直面しても、ひとつのことを粘り強く続けるという時期も、人生にはある程度は必要なのではないだろうか。

だいぶ前の話になるが、私の末の息子が小学生の頃に遠足で行った植木市で一本の泰山木の「苗木」をもらってきた。泰山木とは、もくれん科の常緑高木で、初夏に大型で白く芳香のある花が咲くのが特徴だが、私はこの苗木を箱根にある山小屋に植えた。

そして、毎年春が来て箱根の山小屋に出かけるたびに、今年はどうなっているかな、どのくらい成長しているかな、と楽しみにしていたが、そんな私の気持ちとウラハラに毎年のように期待は裏切られていた。

というのも、私が箱根を訪ねるたびに、その木の枝が必ず折れているのである。せっかく前年まで伸びていた枝だが、毎年毎年同じように折れている。

誰かがわけもわからず折ったとは思えないので、どうしてなのだろうかと考えているうちに、その犯人が雪であることに気がついた。

しかしこの泰山木、そんな逆境にもめげず、毎年春が過ぎて夏が来るとつややかな葉を茂らせ、折れない幹はさらに伸び、折れたところからも新しい芽が萌え出ずるのである。折られては伸び、また折られては伸びとそんなことを繰り返していくうちに、少しずつ伸びて、十数年のあいだにとうとう私の背丈を超えた。

私は毎年箱根の地を訪れるたびに、少しずつでも成長しているこの木を、まるでわが子の成長を見守る親のように楽しみにしていた。

そして、人生もまたこの泰山木のように折られても折られても生き絶えることはないのだ、と実感するようになった。

そればかりか、なにもなく平穏無事に過ごす人生より、踏まれたり叩かれたりしながら頑張って生きる人生のほうが、より充実した人生といえるような気がする。

就職するのはたいへんだ。社会人になれば、それなりの苦労はある。だからといって、その苦労から逃げていたのでは進展はない。なにくそという精神力が、思わぬ能力を引き出すこともある。

〝苦あれば楽あり〟などというつもりはないけれど、**苦そのものが人生には何度もある**のだということを知ってほしいと思うのだ。

夢をかなえるとっておきの方法

私は南ドイツのスイス国境に近いドナウエシンゲンという小さな町を四回訪れている。

そこには「ドナウ・クエルレ」（ドナウ源泉）と書かれた泉があって、その側には大理石の神像などが立っていた。そこよりさらに上流に伸びているブリガッハという名の川がある。ドナウエシンゲンから下流をドナウ河と呼ぶのだが、私はこのブリガッハ川をもっとさかのぼりたいという希望があった。しかしこれまで時間の関係もあって、それが実現できずにいた。

実は、父、斎藤茂吉《もきち》も一九二三年、私と同じように、ドナウエシンゲンの源泉を訪れ、私と同じ理由で、その川をさかのぼることを断念しているのである。

しかし、とうとうこの夢がかなうときがきた。一九七七年、私はこの念願のドナウエシンゲンからブリガッハをさかのぼり、シュヴァルツヴァルト（黒い森）山中に分け入ったのである。川は、さかのぼればさかのぼるほどにその川幅は細くなり、村を通り、森を過ぎ、農家の軒下を流れて、とうとう牧場の中に黒い一筋の線となってしまった。そして最後は小さな池に達したのだ。

池の端から水面をのぞき込むと、池の周囲から水がにじみでているようであった。私はこのとき、これこそ、三〇〇〇キロを流れて、最後はルーマニアを通って黒海にそそぐ大ドナウ河の真の源であると確信した。

このときの私の心境は、心の中で「バンザイ！　バンザイ！」と何度も叫びたい気持ちであった。そして、この念願を果たせずにこの世を去った父の代わりに、私はもう一回、

「バンザイ！」とつけ加えた。

たとえ年月がかかっても、あきらめずにいれば必ず目的は果たせるものだと、このときほど強く感じたことはなかった。

考えてみれば私は精神科医三代目であるが、私の家の精神病院の歴史は一代ごとにとぎれている。

日露戦争の前に祖父のつくった精神病院は、一九二四年に火災で焼けてしまったし、そのためにヨーロッパからもどった父は、たいへんな思いでその再建に取り組んだのである。そしてやっと自宅と病院ふたつという体制が整った。

そして私も戦災で全焼した自宅と病院の再建という運命にあい、まがりなりにも戦前と同じ自宅と病院ふたつという体制ができたのは、戦後十数年経った頃である。

しかし私はこの苦労があったからこそ、「今」があるような気がする。

少々の逆境にくよくよせず、自分の夢や希望をけして捨てない。**頑張って伸びていこうとする気持ちを少しでも持つ**ことは、どのような立場の人間にも必要なのではないだろうか。

自分なりの気分転換がストレスを和らげる

人間は変化の中に生きている。

変化の中で、よりよい場所へたどり着きたいと思ったときに、進歩がある。

「彼は昔の彼ならず」、だからこそ人間は移ろい変わり、死ぬまで成長しつづける。

しかし変化はときに、私たちの心に大きな負荷、つまりストレスをかけることがある。

ストレスはどんなときに一番大きくなるかというと、心理的に追いつめられた状況のときが最も大きいといわれるが、それだけではない。

なんといっても最大のものは、喪失体験だろう。たとえば財産の喪失、火事による家の喪失、また社会的名誉の喪失や自尊心、つまりプライドの喪失。

たくさんの喪失の種類があるが、やはり、近しい人を喪失したときほどストレスが大きくなることはない。

妻に先立たれた夫、また夫に先立たれた妻。次いで離別、別居、親や親友の死。またおめでたい反面悲しい娘の結婚、息子の独立……。

ストレスは、医学的に消化器系統に影響を与える。また副腎のホルモン生産にも影響を与え、免疫力を低下させることもあるから、そうなるといろいろな病気を併発することになる。

肉体的にはさまざまな病気が起こりうるわけだが、精神的にいえば、うつ状態が最も多いといえるだろう。妻に先立たれた夫が、妻の死後間もなくあとを追うように亡くなるというケースはままあるが、今書いたような理由で説明がつく。

人間としてこの世に生きている以上、ありとあらゆるストレスが待ち構えているといえるのだから、そのストレスにもうまく対処できるようにしておく必要がある。

ストレスを和らげる一番の方法は、じょうずに気分転換をすることだ。若い女性が部屋の模様替えをしたり、急に引っ越ししたりしたときは、失恋したか、また新しい恋が芽生えたときだという話を聞く。つまり、気分転換というわけだ。

北原白秋はその人生の中で、なんと二三回も引っ越しをしたそうだが、これもやはり気分転換だったのだろうか。

ストレスを解消する一石二鳥の方法

休日、あなたはどう過ごしているだろう?

一日中自宅で過ごしている人も多いのではないだろうか。

テレビを観ているならまだ救われるが、中には一人でくよくよと仕事のことや対人関係など、ささいなことにかかずらい、心がマイナスの方向に引き込まれている人もいるかもしれない。

もちろん、前日ほとんど寝ずに仕事をしていたなら、ゴロ寝したくなる気持ちもわかる。しかし、いつまでもゴロゴロしていても、結局、疲れは取れずに、翌日まで持ち越してしまうというパターンも多い。

それよりも体を動かし、気分を発散させ、心身をリフレッシュするほうがいい。

肉体的に疲れているなら、疲れた体を休ませるのが一番だが、むしろ精神的に疲れていると思ったら、とにかく気分転換することに意味がある。

しかし、心が疲れているときは外に出るのがおっくうに感じることも多い。そんなとき、

簡単で外に出なくてもでき、しかも効果大の気分転換としておすすめしているのが、掃除だ。

掃除というのは結構体を動かすもの。エアロビクスやテニス、水泳など、わざわざスポーツクラブに入会して運動しなくとも、じゅうぶん効果はある。

掃除以外にも運動の方法はいくらでもある。たとえば駅の階段の上り下り。上るときも下りるときも、軽快にリズミカルに勢いをつける。エスカレーターなど見向きもしないで、階段を使うのだ。

たまにはふだんしていないこと、たとえば庭のはき掃除、玄関や床を隅々までぞうきんがけして磨きあげる……それを心と体の健康法だと思って実行すれば、それほど苦にはなるまい。まさに一石二鳥のストレス解消法だ。

行き詰まったら「連帯感」の中に自分を戻す

働いていると、仕事に行き詰まったり、うまくいかず上司に叱られたりすることも多い。

そのような日は一日がとにかく「ザ・ロンゲスト・デー」となるだろう。

退社時間がきて会社を出た途端、落ち込みと孤独感が襲いかかってくる。このまま家に帰りたくないし、こんな状態では何をしてもどこに行っても楽しめそうにない。こうなると、だいたいはお酒を飲むということになるだろう。

しかし、それは考えものだ。

一人でお酒を飲んだところで、気晴らしにはならないし、この状態で一人黙々と飲む酒が度重なると、アルコール依存症、いわゆるアル中に進む危険性があるからだ。

お酒については別章で改めてふれるが、酒は滅入ったときではなく、どちらかというと楽しい気分で飲んだほうがいい。

たとえば、応援していた野球チームが優勝したときとか、卒業式や就職祝いなど仲間と愉快に飲む酒は健康にいいが、一人で暗い気分で飲む酒は体をこわすこと請け合いだ。

それではどうするかというと、恋人に会うことを勧める。

恋人がいないのなら、**気のおけない仲間**と会おう。できれば学生時代の友人とか、仕事に関係のない人間を選ぶほうがいいだろう。

気の許せる友人なら誰でもかまわないので、とにかく電話をかけてアポイントをとろう。

相談したり愚痴をこぼさなくてもいい。あくまでも普段と同じように過ごせばいい。学生時代の話などをして大笑いするのもいい。

大切なのは、こうして仲間との連帯感の中に自分をもどすことだ。すると、孤立感や悲壮感が自然と和らいでゆく。

人間という生き物は、社会的な動物であり、コミュニケーションのない生活はとても辛いものだ。「孤独」はうつ病を引き起こし、アルコール依存症をもたらし、しまいにはボケをももたらす。

孤独にならないためにはどうすればいいかというと、それは友達をたくさん持つことにつきる。

会いたいときに必ず会える友人はなかなか見つかるものではないので、自分一人きりでもストレスを解消する方法を身につけておくことがベストだが、やはりワァーッと騒げる恋人や仲間がいれば、翌日また元気に出社できるというもの。

「うまくいかない」「叱られた」という状況は変わらなくとも、「心のゆとり」は得ることができるのだ。

ほどほどのストレスは強力な武器になる

「ストレスがたまらないようにしなくては」とか「ストレスがたまっているからなんとかしよう」とか、ストレスを目の敵《かたき》にする風潮があるが、必ずしもストレスはよくないと断言できない。

なぜかというと、人間は**適度なストレスがないと、ダメになる**からである。もちろんそれが過度になると病気を引き起こすことになるが、ほどほどなストレスは人生には必要なのだ。

たとえば、失恋したとき「よし、あんな人見返してやる」と決心することは、ストレスを味方につけたことになる。

ストレスだけでなく、**劣等感もまたある程度必要だ。**

人間は最初から満点でないほうがいい。はじめからでき過ぎていると、あまり努力しなくてもスムーズに人生が送れると錯覚する。挫折を知らずに生きてきた人はそうでない人に比べて衝撃に弱く、パニックに陥ったり、二度と立ち直れなかったりする。

古今東西の成功者たちの多くは、自らの劣等感をバネにして、のし上がってきている。たとえばナポレオンはヨーロッパ人としてはかなりの小男であったが、それを踏み台に自分の欠点を埋めようと努力した。その結果、兵法に科学的技術を導入し、ついにはヨーロッパに君臨する大男になった。

自分の内面を見つめざるを得ない職業の作家には、ことに劣等感を逆に自分の文学の肥やしにし、傑作を書き上げた人も多い。

ストレス学説を打ち立てたセリエという学者自身、適度なストレスがなければ人類は滅びるといっている。

仕事を辞めると同時に急に家にこもりがちになり、性格も変わってしまう人がいるが、それは急にストレスも刺激もない暮らしをするようになったからである。

ある期間、消耗した心と体をストレスから解放してあげることは必要だが、ストレスの効用も、案外あるのである。

日本でたくさんのノーベル賞受賞者を生み、冬は寒く夏は暑い土地に京都がある。その厳しい気候が成功者を生み出したといっても過言ではない。「ストレス」は古いフランス語で〝努力〟とか〝奮闘〟という意味があるそうだ。

現代は、ストレス要因があまりにも多いので、ストレスをゼロにすることは難しい。そのため、ストレスを少しでも和らげたり、味方につけるといった知恵を身につけることが大切だと思う。

「ほどほど」という英断

私の学生時代の二年先輩でこんな人がいた。

彼は非常に真面目で優秀な学生だった。私と同じ時期に学位論文を書きはじめたが、私のほうが先に完成してしまった。彼の論文が完成したのはずいぶんあとになってからのことだった。

私の観察によればその理由は多分次のようなことだったと思う。

彼は一応論文を書きあげ、結論を出す段階になってもう一度見直す。そして疑問点を解明するために、外国の最新の参考文献などを参照する。そうなれば当然新たな発見があるわけで、そこで自分の研究に関する論文の追加をする。

彼の場合、それだけでは満足しなかった。結局、整合性をとるために、彼ははじめから手直ししなければ気がすまなくなるのである。

新たな研究が発表される度に、もう一度自分の論文の手直しをするのだから、いくら書き直してもイタチごっことなる。

だいたい自分で研究する期限を決め、それまでに一応の結論を出しておけばいい。そして追加があれば、その中に加えていけばいいわけだが、彼の場合はあまりにも几帳面過ぎて、なおかつ完璧主義の性格のため、それができなかったのである。

ときに即断即決を要求されるビジネスの世界では、限られた時間内でどの程度いい仕事ができるかが問題で、たとえ内容が優れていても、またどんなにできが良くても、タイムオーバーであれば業績は無に等しい。

真面目さが、かえってあだとなることがある。人生ときには「ほどほど」という英断も必要なのだ。

気分がのらないときはこうする

学生時代の試験の答案用紙を思い浮かべてみよう。一問目二問目まではスムーズに解答できた。しかし三問目で難問にぶつかり、つっかえてしまった。さて、どうしよう。

この時点では残り時間はまだたっぷりあるが、この三問目を解くためだけに時間をかけてはいられない。とりあえず答案用紙をうめる必要がある。

そうなると当然三問目はとばし、四問目に取りかかるだろう。

そして最後まで解答した時点で、またさっきの三問目にもどる。そして時間ぎりぎりまでゆっくり考える。

だれでも経験のあることだ。わからない問題が山ほどある場合はもうあきらめるしかないが、一、二問であれば最後にまわし、その問題を時間をかけてゆっくり解いてみると意外に正解がひらめく場合もある。

仕事も同じである。取りかかる前にグズグズしていたり、完璧主義に陥ってしまうと、けして仕事は片づかない。

一度決断したら、とりあえず仕事に取りかかってみることだ。

私には会社勤めの経験はないが、たくさんの原稿をかかえることがある。そのときは、いくつかの原稿の順番を考えて、難しい仕事は締切が間に合う限り後まわしにする。

そして比較的**作業が容易なものから手をつけ、難しい仕事はそれらが片づいてからゆっくり腰を据えて取りかかる**。いつまでもその難しい仕事のことばかりを考えていると、そのほかの原稿までなかなかうまく進まなくなる。

こんな状況を打開するには、まず思い切ること。

そして一時間、とにかく一枚でも二枚でも書き出してみることだ。ただ黙って頭の中だけで〝ああでもない、こうでもない〟と考えていてもらちがあかない。とにかく書きはじめてみる。

こんなとき、アルコールを少々入れるという方法もあるが、私の場合これが意外と効果がある。

もちろんリラックスする程度に量は抑えねばならないが、仕事ははかどるし、仕事後もぐっすり眠れるし、翌朝新しい案が生まれてペンも進むというわけだ。

オフィスではお酒片手に仕事するわけにもいかないだろうから、とりあえずそれに取りかかってみて、息抜きに昼休みはのんびりとコーヒーでも飲みながら外の景色でも眺めてみよう。

ときには、**ラフに仕事をしてみるという気楽な姿勢を持つことも必要だ。**

モタ流・忙しいときの手帳活用法

私は、多忙を極めていたころ、自分の手帳に、一年先までのスケジュールをビッシリと書き込むことにしていた。その手帳をチラッとのぞいた友人が、いつ食事をするのか、いつ寝るのかとたずねたことがあったが、私はけして自分を見失ってはいないつもりだ。

私の手帳の使い方を少し紹介すると、一冊の手帳に、病院の診療日、講演日、ロータリークラブの例会日、旅行、執筆などの仕事のスケジュールをすべて書き込んでおく。

こうすることによって、一日の時間管理が可能になる。

予定は鉛筆で細かく記入し、予定のうち当日までに終わった仕事は、夕食後に鉛筆の上から今度はボールペンで書いていく。一日の予定をすべて消化したら、消しゴムで鉛筆の字を消す。するとボールペンで書いた字だけが残り、日記帳の代わりになるのである。これで一石二鳥だ。

毎日寝る前に欠かさず日記をつけようとしてもなかなか長つづきしない。しかし、一度鉛筆で書いた文字の上をボールペンで書くことなら簡単である。

同じことを二度書くわけだから自然に頭の中に入るし、これこそ時間の無駄を省くことにもなる。

それと充実感。これだけのスケジュールをひとつずつこなしていくのは、なかなか気持ちのいいものだ。とくに**執筆の仕事が終わったときに「済」と書くとき、また鉛筆の字を消しゴムで消すとき、何ともいえない快感を味わうことができる。**

また、私の手帳は、講演や執筆する上での欠くべからざる資料ともなっている。たとえば、日本人の平均寿命、年間の一人当たりのアルコール消費量など、新聞で目についた記事をかたっぱしから書き込んでいく。

書き込むことによって頭にも自然に入る。そして必要なものは、毎年次の新しい手帳に書き写していく。毎年変わる統計は、新たな数字にどんどん書き換える。いちいち書き写すのは無駄ではないかという声もあるが、私にとっては必要な作業だと思っている。

それに、仕事のスケジュールだけではなく、私は住所録も毎年書き写している。住所変更の確認をしたり、取捨選択をするという意味もあるが、暇を見つけてはコツコツとやるだけに、三月頃までかかってしまう場合もある。

スケジュール管理を上手にすれば、仕事も私生活もうまくいくことを、私はこの方法で体感することができた。

それだけに手帳は、自分なりの工夫をして、使いやすくしておきたい。こうしたひとつひとつの積み重ねが人生の充実につながるのである。

忙しい人にこそすすめたいこんなマイペース

私がこれまで手がけてきた仕事の種類は多岐にわたる。病院の仕事をはじめ、各種団体の会合、執筆活動、講演という具合に多いので、前述したようにスケジュール管理をちゃんとしておかないと、自分でもなにをしているのかわからなくなってしまう。

私のスケジュール管理の第一のコツは、まず仕事の優先順位をキチンときめておくこと

にある。

たとえば、原稿依頼が何本か重なると、それらの原稿のテーマや枚数、また締切日、出版社名など必要事項を書き出しておく。頭の中で構想を練るのではなく、実際に紙に書き出してみる。

そしてそれらの原稿の内容を考えてから、どれが一番書きやすいかなどを考えてみる。この原稿は自分の体験を元にした内容なので、一晩もあれば書けるだろう――とか、この原稿はかなり資料をあさらなくては、書けそうにない――とか。

締切日も大切である。

取りかかりはじめてから原稿が完成した時点で、ひとつひとつ消していけばよい。そうすれば、残っている仕事は一目瞭然だし、難しいテーマが最後に残ったとしても、それが最後であとがなければゆっくり腰を据えて書きはじめることができる。

シナリオライターの山田太一《たいち》さんは、テレビ局から告げられた締切日よりも、ずっと前に自分自身の締切日を設定するそうだ。それに、ひとつの作品に取りかかるときには、その作品だけに集中するという。私のように、いつも多岐にわたる仕事に追われているわけではないそうだ。

お互い仕事の内容は違うが、スケジュールを管理するという意味からいえば共通点がある。

追いかけられて暮らしているようでは、いつか息切れしてしまう。

忙しいときこそ、**自分のペースを把握**し、自分なりのスケジュール整理を考え出すことが大切だ。

「家庭」が見えないと人生が見えなくなる

以前新聞にこんな記事が載った。

某生命保険会社が、都内大手企業勤務の二〇代～五〇代の既婚サラリーマン五〇〇人を対象に行なった「出社と帰宅に関する調査」によると、四割以上が「月に一、二回は帰宅したくなくなる」と回答したという。

その原因として、①一人の時間がほしい（五六パーセント）、②仕事のストレスを持ち帰りたくない（四〇パーセント）、③妻のグチ、おしゃべりがうるさい（二五パーセント）、などが最も多かった回答だそうだ。そして、「きずな」と題したこの記事の中で、大手建設会社を退社した五一歳のAさんという男性を紹介していた。

Aさんは、大手建設会社を辞めて二年になる。それまで営業マンとして国内外を飛びまわっていたときは、家庭は〝代え難い安らぎの場〟だったという。そんなAさんが、仕事をやればやるほど、抑制を強いられ自分の意思を反映できない組織に嫌気がさし、ある日突然退社してしまった。

自分にとって家庭という場所は〝代え難い安らぎの場〟と思いつづけていたAさんだが、「退社したとたんに、家族との語らいがないのがこたえましてね」という。

仕事をしていたときは、夜遅く帰宅しても温かく迎えてくれていた家庭だと錯覚していた。辞めてから、それはただ寝るためだけに帰っていた会話のない家庭であったことに気づいたのである。

退社していさ家族と会話を持とうとしても、そこに何もないことに愕然としたのだ。

Aさんは退社してからしばらくは、近くの自主夜間中学の講師を勤め、三〇余年ぶりに数学や英語の教科書を開いたという。同時に、いままで自分の子供の教科書なんて見たこともなかったことに気がついた。そして、一番可愛がっていた長女（一八歳）が、学校へ出す書類の父親の職業欄に、以前自分が勤めていた会社の名前を書いたことを知ったとき、さすがのAさんもショックだったという。

自己否定されたような気持ち……今も心の底にわだかまりを持つ。今後は「言葉あるいはコミュニケーションをテーマにした仕事をしたい」とAさんは思っているそうだが、具体的なビジョンは模索中という。Aさんはこの記事の最後に、「人のきずなってなんでしょうねえ。考え直したいんですよ」と付け加えていた。人間の幸せ――それはいったいなんなのであろうかと、私も改めて考えさせられた記事だった。

人間の幸せは目に見えるものでも、実体のあるものでもない。なにかを達成したときはもちろん満足感を覚えるが、**家族の心が通いあうという充足感は、もしかすると生きる上で欠くことのできないものなのかもしれない。**

この〝三つの幸福〟が人間の喜びをつくる

人生において、自分の目標を達成できるのは、幸福な人だといえるだろう。この夢や希望を実現できる幸福のほかに、人間としての**基本的な幸福**が三つある。

それは、①体と心が健康である幸福、②家庭の幸福、③ほどほどに財産が満たされる幸福である。これらの三つが同時に満たされたとき、初めて真の幸福感をかみしめることができるのだと思う。

まず一番目の、自分の心と体を慈しむ心、これが最も大切なポイントだろう。

そして自分を慈しむことは、ひいては他人に対しても「仁」の徳目を実行することを意味している。

人を、また父母を敬愛し、妻・子・孫には慈悲の心で接することである。もちろん、健康な体をせっかく授かったのに不養生で健康を害し、親を心配させることも、大きな親不孝のひとつであろう。

二番目の「家庭の幸福」は、家庭の中で次世代へと受け継がれていく、精神的な財産・糧となる。〝慈しみ〟〝敬愛〟の心で父・母や子孫に接することを心がければ、そうした温かい心が、子供への無言の教育ともなるはずだ。

現在は、一世帯に一世代かせいぜい二世代の家族が住む家が大勢で、三世代以上が同じ屋根の下に暮らす大家族は少数派となってしまっている。

核家族化の進行は、生活パターンや倫理観に変化を生じさせ、その結果先祖や父母を敬愛する心が薄らいできたといわれる。

江戸時代の儒学者である貝原益軒《かいばらえきけん》の言葉に次のようなものがある。

「老人は、体力・気力ともに衰え、胃腸も弱くなっている。子供を養うのと同じように、常に心配りをしてやらなければならない。飲食の好き嫌いをたずね、室内は適当な温度を保ち、清潔にし、風雨を防ぎ、冬は暖かく、夏は涼しく、風寒暑湿の外邪をよく防いで、外邪におかされないようにする。そうして、いつも心を安楽に保てるようにする。

盗賊、水害、火災などの不意の災難があったなら、まず両親を驚かさないようにただちに介抱して助け出さなければならない。異変にあっては、両親が病気を起こさないように、心づかいをすべきである。老人は、びっくりすると病気になる。注意しなければならない」

人は年をとると子供に帰る。**老いた父母は、子供を養うように心を配ってやらなければならない。**それがまた、将来の自分の幸福につながるのである。

モタ流・友人を簡単につくる方法

気楽につき合える人間関係、それが家族だけとなると、いわゆる「濡れ落葉」といわれてしまう。

濡れ落葉とは、落葉が濡れるとホウキではいてもはいても絡みついてなかなかとれないことから、定年後の夫が始終妻のあとをついて歩いて離れないことを評していう。

こうなると、やはり「ミジメ」だろう。いつになっても気楽につき合える人間関係をつくっておくことも、生涯プランのひとつに入れてほしい。

できれば仕事の関係で知り合った人ではない人のほうがいい。会社の肩書きでつき合ってきた人が、会社を離れても変わらずつき合ってくれるとは限らないし、また**肩書きだけでつき合っていると、定年後につき合う友人がまったくいなくなってしまう**というさみしい老後になる可能性がある。

もちろん、仕事だけで結びついていた人間は定年後〝一切つき合わない〟と断言できないが、お互いに現役でやっていた頃と同じようなつき合い方はできるかどうか、それは望めない確率が高いのではないだろうか。

お酒が飲めない人は、同じように飲めない人を探す。また、アフターファイブにスポーツクラブに通うというのもひとつの手だ。何も酒を飲むことだけが気晴らしではない。好きなスポーツで汗を流すことも、ストレス解消のひとつといえる。

一人で行動することになんの抵抗もない人はそれで十分満足するだろうし、一人ではどうもと尻込みしてしまう人は同じような趣味を持つ人間を探すことだ。

人間関係をうまくするにはいかにしたらいいか、まず難しく考えないことだ。お互いに気持ちよく過ごすことだけを考えたらいい。そのために相手の気持ちを思いやる心を持つこと、相手を立てることが必要だ。

深いつき合いをしようと思うなら、相手に自分の存在を印象づけることもまた大切だろう。

基本線は**相手を立てる**こと。それと**マメである**ことだ。

私の父は朝食が終わると、きまって書生が用意したハガキに毛筆で返事をたちまち一〇枚ぐらい、一気に書き上げた。

それを見習ったわけではないが、私はどこへ行くにも切手を持ち歩き、講演先でもどこでも必要とあらば手紙を書く。旅の帰途に先方への礼状を書き、空港や駅で投函する。帰宅してからではとても書くヒマがないからだ。

こういうちょっとしたマメな努力も、人間関係には必要だと思う。

心の「打ち明け」の絶大なる効果

自分自身にかかわる重大事で悩んでいるとき、方向をきめかねるようなときは、思慮ある人に相談すると、いいヒントをもらうことがある。

自分自身のこととなると、人間はとかく我欲が出てしまうので、才知のある人でも分別がにぶってしまいがちだ。そして、善悪の見分けがつきにくくなるものだ。

自分の考え方がいくら正しいと思っても、第三者から見ると間違っていたりする場合もおうおうにしてある。

他人の行ないの善し悪しは、よそ目にははっきりと見えやすいものだ。

人間として生まれた以上、そして社会に出たからには、だれでも一生のうちに自分一人で解決できない難問題に遭遇することがある。そのためにも、思慮深く物事の善し悪しをわきまえた友人や、心の底から悩みを打ち明けられる知人を持っていると、大事件に出会ったときでもその人に相談できる。解決してもらわなくても、話を聞いてもらうだけでなんらかの解決の糸口が見つかるものだ。

心の「打ち明け」はストレス解消のトップクラスに位置する。

自分とまったく同じ道を歩んでいる人というのはいないから、かえって自分の知らない経験や知恵を、友人や知人から得られる場合がある。そういう意味では、自分の仕事の分野ではない人との交流も必要だろう。

〝この年齢になって人に教えてもらうなんて〟と思わずに、勉強のためと思って教えを乞う。この気持ちが大切なのだ。

ことに**転職や定年を間近にひかえたようなとき、ちょっとしたアドバイスがきっかけで思いがけない発想が生まれ、それまでとは一八〇度も違う就職先を見つけることもある。**さらにそこで思いがけない自分を発見するようなこともよくあることだ。

一人で悩みを抱えこむより、友人や知人に相談するようにすると、人生はずっと豊かになるはずだ。

この考え方が人生をつまらなくする

多くの財産を持ち結構な地位に恵まれた人間が、必ずしも友人や家庭にも恵まれ、幸福な生活を送っているとは限らない。

たとえば、自分の利益のために他人を傷つけたり悲しませたりしている人、また養生の道を知らずに病多くして短命な人などは、人生最大の楽しみを得ることはできないと断言しよう。

もちろん、私欲にふけってはならない。私欲にふけり、地位・財産にこだわり過ぎるとなにかにつけイライラし、人の欠点や社会的矛盾だけが目に映り、腹ばかりたててしまう。

これは精神衛生上大きなマイナスとなり、その結果として、味気ない人生を送ることになる。それではなんにもならない。

また、自分は誰かの、また会社の犠牲になっていると思いはじめたら、危険信号だ。過ぎた犠牲的精神はときにその人の人生を誤らせることもある。

現代医学の研究はかなり進んでいるため、人間はだいたい一一五歳から一二〇歳ぐらいまで生きることが可能だと推定されている。せっかくの人生、本来なら楽しく生きるべきところなのに、権力を持ち、自分の立場を顕示し、人間を不当に支配する。そして自分の長い人生を、味気ないつまらない人生にしてしまうのは考えものだ。

「月日は百代の過客にして、行き交う人もまた旅人なり」

人生は旅をするかのように過ぎ去ってしまう、と松尾芭蕉《ばしょう》は詠んでいるが、ほんとうにその通りだと思う。

人はみな、天から与えられたエネルギーを持っている。幅広い、豊かな人間性を養うこと。そして思いやり、慈しみの心を育て、自他ともに楽しみ、社会の調和をはかっていくように、常に心がけたいものである。

自分も他人も「けなすよりほめよ」

幼い頃に、なにかひとつこれだけはだれにも負けないというものを持ちなさい、といわれた人は少なくないだろう。その気持ちがやがて自信になり、その人の一生の支えになる場合がある。

私の祖父・紀一はお世辞のうまい人だった。ピアノを弾いていれば「ピアニストになれるよ」といい、絵を描いていれば「うまいうまい、きっと有名な画家になれるよ」と、子供たちをいい気持にさせてくれた。

「けなすよりはほめろ」というのが人間心理の基本である。**けなしてばかりいれば、せっかく伸びるものを持っていても、いつの間にかその芽を摘んでしまう**ことになる。

そんなほめ上手な祖父のせいだろうか、あやしげな人間ばかりそろっているわが斎藤家は、どうやら何事にも挑戦することの好きな血が流れているような気がする。

父・茂吉も医者でありながら、歌や絵画に意欲を燃やし、母・輝子《てるこ》も満八九歳でこの世を去るまで、実によく世界中を旅した。

また弟の北杜夫《きたもりお》も、医者の資格を持ちながらもの書きに転じてしまったし、とにかくこの斎藤家の血はまともではない。

母・輝子の挑戦意欲のはじまりは、ヨーロッパ留学中の父・茂吉を訪ねて出かけた一人旅であった。今でこそ女性の一人旅は不思議ではないが、当時の若妻が船で五〇日もかけて一人旅をしたのであるから、それは相当の覚悟が必要であったと思う。一九二四年、母二九歳のときであった。

このときの母の苦労話を私は聞いた覚えがない。母は負けず嫌いで、自分の「マイナス」を決して人にはしゃべらなかったこともあるが、母はそういういわば「冒険旅行」が好きだったのである。

母はどこへ旅行してても、またなにをしてもけしてグチをこぼすことはなかった。そして、人一倍好奇心が強かった。だからいつまでも元気で若々しく、ハツラツとしていたのかもしれない。何を思ったのか、私は母から突然「人種差別って英語でなんていうの」と聞かれてまいった思い出もある。

父・茂吉は、一九五三年に七〇歳でこの世を去った。

父の書く文字は、実に几帳面で完全主義の性格がよく表われている。いいかげんなことが嫌いで、どちらかというとそのいいかげんな性格の持ち主だった祖父とは対照的であった。

父は何事も一所懸命にやったから、当然のことながら心身ともに疲れていたことはいうまでもない。また自ら「労苦」を求めていたふしもあった。

一九二四年に病院が全焼したり、その後また戦災によって自宅、病院の焼失と、実際苦労が耐えなかった。

それでもなんとかもちこたえたのは、やはり自分の歌作りに没頭したからだろう。どうやら悲嘆する分、余計に文学的仕事に打ち込むことで、辛うじて自分を支えていたのだろう。

あれもダメ、これもダメ、**なにをやってもダメといわれつづけてきた人と、得意なものが小さくてもひとつある人とでは「人生の楽さ」は雲泥の差がある。**

だれもほめてくれる人がいなければ、自分で自分をほめよう。

我が斎藤家の面々は、やや極端な例かもしれないが、小さなことでいい。何か自分ならではのものを持つことは、生きる上で大切なことだと思うのである。

年齢を感じたらなにか新しいことをやってみる

人間としてこの世に生を受けた以上、必ず死がやって来る。

若いときにはこの「当然のこと」が目に入らず、がむしゃらに生きるだろうが、ある年齢に達するとすべての点で自分の年齢を意識せざるを得なくなる。とくに駅の階段を上るとき、また酒を飲んだときなどには、自分がもうそう若くはないことに気づくだろう。

このように自分で「ああ、年かなあ」と感じるのは、つまり「衰えた」と感じているわけだ。「衰える」というとあまりいいイメージではないが、その分いろいろな経験を積んできたのだから、プラスの面も必ずある。だから「もうダメだ」とか「ついに来たか」などと思う必要はない。

私が「老い」を痛切に感じたのは、七〇歳になってからである。

七〇歳というと一般的にかなりの老人だが、私はまだ自分は老いてはいないと思っていたから、文芸家協会の長寿会員（七〇歳以上）に自分の名前が載ったときは、少なからずショックだった。その年、私は日本精神科病院協会の会長の座と早稲田大学文学部の教壇を同時に降りた。できればもう少しつづけたかったが、このように「老い」を突きつけられると、安閑《あんかん》としてはいられない。

そこで私はなにか新しいことをはじめてみようと、思いついたのが『鉄道唱歌』の暗唱だ。

一九六六年に亡くなられた、思想家の安部能成《あべよししげ》先生の鉄道唱歌暗唱を以前お聞きしたことがあった。私は乗り物好きなので、♪汽笛一声新橋を、はや我が汽車は離れたり♪ではじまるこの唱歌に挑戦することを思いたった。

「歌なんて」と笑われるかもしれないが、明治時代に流行した『鉄道唱歌』は、「東海道」「山陽・九州」などがあり、それぞれ地名が織り込まれた長大な歌だ。これを暗記することは脳に大きな刺激を与えることになる。

「年かな」と思ったら、あえて**自分が今まで考えてもみなかったこと**を、思い切って試してみるのも案外楽しいかもしれない。

このチェック法で老いは防げる

人間の脳細胞は、だいたい三〇歳から減りはじめ、四〇歳の半ば頃から急速に減少をはじめる。

新聞の文字が読みにくくなったり、物忘れも多くなるし、人の名前がなかなか思い出せなかったりする。また同じ話を何度も繰り返したり、まるで子供がダダをこねるようにスネたりする。最近は若年の人の中でも、軽いボケの症状が出ることもあるという。

老化を防ぐためには、まず、次のような具体的なチェックを自分なりにしてみるといい。

○食べ過ぎに注意し、動物性タンパク質を摂り過ぎないようにする
○なるべく車を使わずに、自分の足を使って移動する
○なにか自分にしかできない仕事を見つけ、それに没頭する
○積極的に趣味を持ち、なんにでも興味を持って接する
○多くの人との交流を持つこと。特に異性とのつき合いを忘れないこと
○適度なストレスを楽しむ

○なんとしても自分は長生きするのだという考えを捨てる
○過度に寝ない
○洋服にも気を配って、できるだけ若々しい服装を心がける
○セックスを嫌わない
○お酒を飲み過ぎない、タバコも慎む
○仕事の第一線から遠ざかっても、それでリタイアだと思わずに、新しい仕事への第一歩だと考える
○感動を求めて努力する

〝長生きの秘訣〟の第一は「くよくよしないこと」だ。

専門家にいわせると、鯉の寿命は二〇〇年以上だということだが、鯉の泳いでいる姿を見ているとゆうゆうとしていて少しも怒った様子を見せない。**「くよくよしないこと」というのが長寿の秘訣かもしれない。**

だから私は「頭が重い」とか「疲れやすい」、また「肩がこる」「動悸がする」「めまいがする」といって診察にくる人に、「さあボクといっしょにヒコーキの練習をはじめよう！」と誘う。もちろん、それが本物の飛行機の操縦と聞いて仰天して目を丸くするが、

私としては半分冗談だとしても、「ハイ、行きましょう！」と、すぐにもついてくるような、そんな気持ちを持つことを望んでのことなのだ。

第2章

仕事を面白くする「心のゆとり」のつくり方

非〝愛社精神〟のすすめ

「人間の価値は仕事ができるかどうかで決まる」などと考えてはいないだろうか？

私は、仕事だけ、また家庭や趣味だけ、となにかひとつに集中するのではなく、仕事もし、家庭や趣味も楽しむ「両立型人間」こそが、一番幸せな人間だと断言できる。

たびたび父の例を出して恐縮だが、茂吉は、本業の医者以外に歌人としても有名であった。もちろん、父には才能はあったのだろうが、私から見るとけして特別な人間ではなかった。

天才肌ではなく、どちらかというと努力家だったと思う。

歌ばかりではなく、絵を描くことも非常に好きだった。絵を描くこと、歌をつくることが、神経質な父親を救ってきたことだけは間違いないだろう。

現代に生きる人と、明治生まれの父を比較することは難しいが、仕事も自分の生活もという意味では、父も「両立型」といえるのではないだろうか。

火災のあとの病院再建をはじめ、病院の仕事は父にとって苦難の連続だった。したがって病院の仕事も、そこに生きがいをもってやらなければとてもやり通せる仕事ではなかった。

生きがいは、ひとつのことに限定する必要はないと私は思っている。

会社オンリーの「会社人間」はしだいに減ってきているといわれる。この変化は、働く人たちの意識が変わってきたことから起きた現象といえるが、それと同時に社会状況の変化も最も大きく作用しているのではないだろうか。

会社も社会ももはや「会社人間」を求めてはいないのかもしれない。

愛社精神が強ければ強いほど、裏切られたと感じたとき逆にその恨みは強烈なものになる。クビになったからと会社に火をつけたり、失敗をとがめられたからとその上司を殺そうとしたり、さらに被害妄想を引き起こす場合すらあるのだ。

会社での評価が、人生のすべてではないことを、いつも頭の片隅に置いて仕事をすることが大切なのではないだろうか。

ほどほどの忙しさは必要

私の本職は精神科医、長年斎藤病院の院長としての仕事に取り組んできた。

しかし、医師として患者さんを診ることに加え、人事問題や事務的な仕事、また対外折《せっ》衝《しょう》などの雑事も多かった。

日本精神科病院協会の会長職も長年努めたし、アルコール健康医学協会会長、日本旅行作家協会会長、日本ペンクラブ副会長と、いくつもの役職を兼ねてきた。

以前は、これらにプラスして早稲田大学の講師もしていたという忙しさだった。

したがって、医者としての診察、院長としての仕事、さらに各地での講演、打ち合わせ、会合と、まさに分刻みの過密スケジュールであった。

考えてみれば、よく体がつづいたと感心する。思えばあまりの忙しさに食事をする時間もなく、そのときは妻に移動のクルマに同乗してもらって、横から口の中にサンドウィッチやおにぎりなどを放り込んでもらったりした。

そのサンドウィッチやおにぎりもノーマルな大きさのものではない。口の中に一回で入り切るぐらいの大きさでなければダメなのである。妻・美智子の苦心作だった。

しかし、今思うとなんと充実した日々だったかと思う。ここまで忙しいと、そのスケジュールに合うように体ができてしまうので、そのときは苦しいが、あとに楽しい思い出が残る。

厄年のときに一度倒れたことがあったが、それ以外はまあまあ健康に恵まれたと思う。人間はのんびりと何もしないで過ごすことより、何かに向かってがむしゃらに生きているときのほうが、生き生きとして見えるものだ。

もちろん忙し過ぎればそれが原因で病気になる場合もあるが、充実した忙しさであれば、しかもそれを楽しめば、病菌が入り込む隙間がないのかもしれない。

営業マンが、現役のときには休みたいと思っても休めなかったものが、年を取り忙しいポジションは若い営業マンに任せ一線を退くと、とたんに風邪を引きやすくなったり疲れやすかったりすることがままある。

いかなる人でも、**ほどほどの忙しさ**は必要なのかもしれない。

モタ流「うつうつ気分」脱出術

私も働き盛りの頃は、自分でもよくこんなに仕事をこなしているものだと、ちょっと得意になっているフシがあった。

もちろん、新たな仕事を引き受けなければならないときは、これ以上忙しくなったらどうなるか、なんとかスケジュールの隙間に埋められないかと考える。そうなると、どこまで自分ができるか試してみようという気持ちになって、これがまた快感につながることにもなる。

毎日忙しい日々を送っていると、余計な時間を持つことがないために、たとえひとつのことが終了しても、次の約束の予定時間までに余裕がないので、すぐに行動を起こすことができる。中途半端な時間をダラダラとなにもせずにいるよりも、そのほうがよっぽど能率的だ。

会議に出席しているときも、なんとなく本題からはずれて雑談に入った頃を見計らって、やおら自分の手帳を胸のポケットから取り出し、パラパラとめくり「ちょっと○時に約束がありますので」という理由で席を立てる。

こんな私でも、さすがに精神科病院協会の仕事だけはたいへんだった。

まず、この仕事には家族全員が反対であったこともあったが、とにかくなんとかしなくてはと考えているうちに、とうとう夜も寝汗をかいて眠れなくなるという「うつ状態もどき」に陥ってしまったのだ。

このときは、**なにごとも悪いように解釈しない**ように心がけ、好奇心を持って物事に取り組むようにした。また、問題にぶつかったときは、そのことばかりをあれこれ考えるよりも、別のことを考えて、**堂々めぐりに陥らない**ようにした。

幸いなことに、それ以上深みにはまり込まず、大事には至らなかったが、そのときはさすがの私も途方に暮れた日々を送ったものだ。

そして、その「うつ病もどき」も徐々に回復すると、今度は逆に少しずつその仕事が面白く思えるようになった。

叱られたら幸運と思おう

父は院長をしていた頃、青山の自宅の隣にある小病院で週に一回、外来患者を診て、また週に一回は世田谷にある本院へ回診に通っていた。

そんなある日のこと、父が世田谷の回診を終えて車に乗ろうとしたとき、事務長が見送りに来て、「院長、今日は暑いですからノータイですか」といった。すると父は「私がネクタイをしていないことを、なぜ注意しなかったのか」と怒り出した。

事務長はいきなり叱られたので一瞬戸惑った様子だったが、長年のつき合いで父の性格をよく知っていたからハハアと思っただけだった。

父は、癇癪《かんしゃく》持ちではあったが、癇癪を起こしたあとは「すまない」という気持ちになる人であった。

また、こんな話もある。ある日、父は昼寝をしていた。そこへなんのアポイントも取らずに新聞記者が訪ねてきた。

父は具合が悪いので居留守を使い、そう伝えるようにお手伝いに申しつけた。ところが、その新聞記者は居留守を使っていることを知ってか知らずか、玄関にいつまでも居座って帰ろうとしなかったのだ。父はどちらかというと我慢強いほうだったが、それでもあまりに長いこと居座られたため、ついに堪忍袋の緒が切れて爆発してしまった。

父は脱兎のごとく玄関に飛び出し、「キミ、いないといったらいないんだ！」と怒鳴った。記者はあっけにとられて逃げ去った。

しかし、そのあとがある。それからまもなく、この記者は父から原稿をもらうことに成功したのだ。

父は、怒鳴ったあとに必ず反省した。

怒鳴ったあとに気持ちが落ち着いてくると、この記者がかわいそうになってきたのだろう。そこですでに引き受けていた原稿をあと回しにして、この記者の原稿を先に書き上げたというわけだ。

父の話がまた長くなってしまったが、仕事をしていると、思わぬ失敗はつきものだ。失敗して叱られることも多々あるだろう。

叱られたときは感情的になって反発するが、あとで冷静になったときに思い起こしてみると、**叱られた中に普段は教えてもらえないようなメリットがある**と思う。

だから、叱ってもらったときには**「勉強のチャンス」**という気持ちでいたほうがいい。

それがまた、伸びるきっかけになるということも少なからずあるし、この新聞記者のように、思わぬ幸運が待っていることもあるのだから。

この叱られ方で相手の怒りがたちまち消える

父は粘着性の性格で癇癪持ちだったから、私にも絶えずカミナリが落ちた。

そのとき私はひたすら恭順の姿勢を保ちながら、なにをしていたかというと、好きなこと、つまりヒコーキのことをいろいろ考えていた。そしてカミナリが通り過ぎるのをじっと待った。

ただこのテクニックは、**相手の叱り方のパターンを知らなければ非常に危険**である。相手の話を聞かずに、適当なところでタイミングよく相づちや謝りの言葉を入れなくてはならないからだ。このタイミングを崩すと怒りが倍加してたいへんなことになる。

私の上手な叱られ方のひとつに、**「はい」を八分「すみません」を二分の割合でタイミ**

ングよく入れる方法がある。

相手がおとなしく相づちを打っていれば、その怒りも徐々に薄らいでくるが、逆に上の空だとくどくなる。自分の言っていることを相手が理解していないと思うと、意地でもわからせようとするのが人間の心理であるからだ。

たとえば、上司とこれから新しい仕事の打ち合わせに出かける際に、どこかの駅で待ち合わせをする。その場所になにかの理由で遅刻をする。当然上司はカンカンとなる。こんなとき、「どこどこでずっとお待ちしていたんですが」といった返事の仕方をすれば怒りを煽り立てるようなものである。

それではどうすればよいか。

たとえば、「西口というのでずっとそこで待っていましたが、西口の改札はふたつあったんですね」と、説明をきちんとすれば、相手も納得してくれるはずだ。

相手がいったいなにに腹を立てているのかを早くに理解して、ここだというポイントで「はい」と「すみません」を入れる。上司は待ちぼうけをくわされたが、結局は会えたわけだから、とにかくなぜ時間に遅れたかということを明確に説明すればよいのだ。

もっとも効果的な叱り方、叱られ方とは

なにをいわれても「すみません」ばかりを連発していたのでは、相手の怒りはおさまらない。連発したい気持ちはわかるが、叱っているほうにすれば、自分のいっていることがきちんと相手に伝わっていないと感じられるのである。

先に述べたように、叱られているときの返事は、「はい」が八分、「すみません」が二分というところか。整理すると以下のようになる。

○叱っているときは、**仕事上の重要なノウハウ**を伝えていることが多い

○**くどくどと長く繰り返す怒りは適当に聞き流す**。恭順の姿勢で空想にふける

○**上手な相づちの入れ方を研究する**

この三項を頭にたたき込んで、相手をよく研究する。「まったくあの上司はなにかというとすぐに叱るよなあ。ほめてくれたことがないよ」と、グチをこぼしている若いサラリーマンをときどき目にするが、人の下に使われる立場よりも、人の上に立って使う立場のほうがずっと難しいものだ。

私の祖父の紀一は、きわめて調子がよく、人をほめることがうまかった。病院の職員とすれちがうと必ず、「いや、ご苦労、ご苦労。毎日たいへんだねえ」と声をかける。

そう声をかけられた職員は、悪い気はしないものだ。

あるとき、一人の職員が仕事あけで玄関でぼんやりと立っていた。そこに院長である祖父が通りかかって、いつも通り「ご苦労、ご苦労」と声をかけ、職員がなんともくすぐったい気分でいると、そのあとすぐに「きみ、そこを行ったり来たりしてくれたまえ。玄関は人が歩いているほうがにぎやかだからね」といったそうだ。恥ずかしげもなく。

この会話をあとで聞いて、私はまったく祖父らしいと思った。祖父は人に気持ちよくなにかをやらせようとしたら、叱ることよりもほめることのほうがずっとずっと効果的だということを自然に身につけていたのだ。

会社の中でもこれはかなりの効果を上げるだろう。

自分が上司の立場であれば、部下をうまくほめながら叱る。逆に自分が部下であれば、自分がいかに上司を信頼しているかを態度で示す。そうすれば仕事もスムーズにいくというものだ。

低評価でも自分をくさらせない方法

誰でも人から正当に評価されたい、という気持ちは持っているものだ。

しかし、そう思う前に自分が自分をどう評価しているかということを考えることも必要だ。

自分の能力や実力を、本当の自分のあるがままよりも、あまりにも高く評価していると、どうしても周囲の見方とは落差が大きくなる。

もちろん、誰にでも自尊心はある。自信、自惚れもあるだろう。だから客観的な評価よりは、自己評価のほうが高くなるのは当然である。特に若いうちは、どうしても自分の力を過信してしまう傾向がある。

それはそれで、それだけやる気があると見ればいいが、あまり度を越すと、今度は会社が自分をどうして認めてくれないのだろうかという不満に転じる。これではせっかく積極的な意欲を示していてもマイナスになる。

そういうときは、冷静に自分を見つめることだ。なぜ自分に対する評価にそれほどギャップがあるのだろうか。どうしてわかってもらえないのか、と考えてみる。

もっとも困るタイプは、自己評価が高すぎて、不平不満ばかりをこぼしている人間である。自分の潜在能力は高い、と評価することは誰にでもできる。しかし、社会は潜在能力など認めてはくれない。もちろん潜在能力を認め、その能力を顕在化するように企業も教育を行なう。そして本人も努力するだろう。

しかし**いつまでも顕在化しない潜在能力はないのと同じ**である。自分なりの努力をしていれば、いつかその能力は発揮されるものではないかと思う。

会社や周囲の不満ばかりをいっていてもはじまらない。

努力もせずに不平ばかりいっていたのでは誰も評価はしてくれないし、成長もしない。どの部署にも引き受け手のないのがこのタイプ。

自分を生かし自分をどうアピールするかを考えたとき、まず自分が現在、人からどう評価されているかを知り、自己評価と比べてみることからはじめてみてはどうだろうか。

人事異動もこう考えれば怖くない？

会社に勤めていると、配置転換は悩みのタネのひとつであろう。

ことに、それまで営業のスペシャリストであった人が、この配置転換によって、いきなり畑違いの宣伝部に配転されるというようなケースでは、そのショック度にも大きなものがあろう。

また、若いときなら畑違いの部署でも、順応性があり仕事も早く覚えるだろうが、**ある程度年齢がいってからの配置転換ほどつらいものはない。**ましてや自分より年下の人間からいろいろと説明を受けたり、指示されたりする場合もあるので、ときには屈辱感も味わうことになる。

それだけではない。入社以来、自分が蓄積してきたものはどうなるんだということになる。しかし、組織に属している以上は、この山にぶち当たる可能性が非常に高いだろう。それは避けて通ることはできないものだ。

私の場合は医師であって、医師から事務職に転換するということはまずあり得ないが、会社員としては、新しい仕事は嫌いだということもできず、はなはだつらい思いをする。
また、転勤を断ると、すでにその段階から出世コースをはずされてしまうという話もよく耳にする。いかなる山奥でも発展途上国でも、赴任しなければならないのだ。いくら自分では苦手だと思っていても、それが業務命令である以上は、引き受けざるを得ないわけだ。

配置転換や転勤などの不満や恐怖から、うつ病などに陥ってしまう人は少くない。
彼らの共通点は、新しい仕事や環境になかなかなじめないということと、非常にまじめで仕事一筋で頑張ってきて融通の利かないという点だ。

確かに年齢が上になって、それまで長年やってきた仕事とは一八〇度異なった仕事にかわれば、誰しも戸惑うだろう。ましてや、今は新しいOA機器がどんどん導入されている世の中であるから、そういう傾向は大きくなる一方である。

それまで自分がプロだと自認していた知識が、機械に換えられることで、まったく役に立たなくなると考える。さらにそのわけのわからない機械の操作を覚えなければならない。最初からやり直し、一から出直しだと自分を卑下する。

しかし、配置転換もまた、気持ち次第だ。

新たな出会いがあるかもしれないし、自分の中の意外な才能に気づくチャンスとなるかもしれない。また、少し時間的なゆとりができたなら、なにか新しい趣味をはじめてみるのもいい。

人生を二倍、三倍楽しめるとばかりに、**ときには振り出しに戻ったつもりで、出直してみる**のもひとつのやり方ではないだろうか。

「転勤」即「転職」と結びつけるのは考えもの

大きな組織にはつきものの転勤。最近、その転勤を希望しない人が増えているらしい。

しかし、希望しないからといって、それが必ず受け入れられるとは限らない。もし望まない転勤を命ぜられたら、あなたはいったいどうするだろう。

涙をのんで転勤するか、それとも思い切って転職するか。家族を犠牲にして赴任先で数年暮らすことが自分にとって是か非か。

転職を恐れる必要はないが、希望のタイミングで希望の職種に就けるとは限らないのが実状だ。

「自分の天職はこれしかない」などと軽率に決めず、配転して回された仕事のほうが、実は自分が天職だと思い込んでいた仕事よりも、ずっと自分に合っているということもあるものだ。

したがって、**転勤を命ぜられても、とりあえず新しい勤務地で努力してみるといった柔軟さがあってもいい**のかもしれない。

その結果どうしても「ダメだ」となったら、上司に訴えればいいのだ。

その人に合わない仕事をつづけさせて能率が上がらないよりも、その人に合っている仕事で能率を上げるほうが、会社にとってもはるかにメリットがある。会社によっては、〝転勤をしたくないならしなくてもいい〟という制度を設けているところもある。

もちろん、転勤しないかわりに出世はある程度頭打ちになるかもしれない。出世のためにイヤな転勤をするよりも、自分の生活を大切にしたいという人は、そういう制度を取り入れている会社に転職するほうが自分に合った生き方ができるかもしれない。

さきほどとは逆に、無理やり自分を納得させ、転勤や配転を受け入れてもけしていい結果は出ないだろう。ストレスがたまって病気になったり、うつ病になるということもありうる。**自分はどのような生き方が向いているのか、**これを機に慎重に考えてみることだ。

会社での人間関係をよくするちょっとしたこと

友人はもちろんたくさんいたほうがいい。

しかし、大勢の友人を持つことよりも、まず、心を打ち明けられる友人が一人でもいたら、その人は恵まれているといえるだろう。

社会人になると、なかなかこの〝なんでも打ち明けられる友人〟ができないものだからである。

昭和の財界人・永野重雄さんは、人とのつき合い方として次のようなことをいっている。

「私は若い頃から『自分から裸になること』を心がけたつもりである。こちらからまず裸になれば、相手も安心するものだ。ある学者が〝**物理学の法則は心理学の法則**〟といっているように、たとえば四五度の角度から入ってきた光線は、四五度で反射する。これと同じく、人の心もこちらが裸で接すれば相手も自然にそうなるのだと思う」

はじめにこちらが自意識を捨てて相手にアプローチしなければ、相手もこちらにアプローチしてこない。これは**心の「ギブ・アンド・テイク」**といえるだろう。

人から好かれたいと思う前に、自分のほうから相手を好きになる努力をすべきだということである。

積極的に相手の長所を見つけ出し、自分から近づいていけば、相手もそれに応じてくれるものである。

人間関係を広げる、友人を持つためにはまず、自分から裸になることが大切だ。

利害関係を持たない友人関係だと、第一印象や相性で「いやだな」と思ったら、もうそれっきり会わなければいい。会わなくてすむ。でも、それが会社となるとそうはいかない。本音と建前、あくまでもビジネスがからんでくるからだ。

不況が長引く昨今でも、就職して間もなく辞めてしまう若者もずいぶん多いと聞く。それもちょっとした人間関係のトラブルや、職場の第一印象だけですぐ辞めてしまうという。

また、定職をもたず、フリーターとして生活している若者も多いらしい。かつての就職難時代を体験してきたわれわれ世代から見れば、まるで隔世の感がある。

もう少しその会社がわかるまで、また、相手の人間を理解できるまで、つき合ってみようという気持ちを持ってほしい。

自殺の名所に、「ちょっと待て、もう一度考えてみよう」という立て札が立っているではないか。

会社を辞めてしまうのはしごく簡単だ。そこでもう一度考え直してみるのも、それ以上に必要なのではないだろうか。

あなたの身のまわりにあるこんなマイナス因子

突然だが、あなたの机の上は今、どんな状態だろうか。

周りの環境がいいと悪いのとでは、仕事の能率がはなはだ違う。デスクの上が散らかっている人がいるが、こういう人たちは、散らかっていることをむしろ誇りに思っているふしがある。散らかっているほうが仕事ができる証拠だ、というのが理由らしいが、果たしてそうかどうかはあやしい。

デスクが整理整頓され、資料が順序立てて整理されていると、非常に充実した心で仕事に取りかかれる。

これに関する資料は右側の上から何段目の引き出しに入っている、というふうにすぐ取り出せるように整理されていれば、まず時間のロスがない。パッパッとことが運ぶ。

それが整理整頓がされていないと、すぐにどこになにがあるのかわからず、その資料を探し回っているうちにどんどん時間が経ち、結局見つかったときにはその仕事が成立しなかったということにもなりかねない。

見つからなければ、その資料を新たにつくり直すことになる。資料をつくるためにコピー用紙をたくさん使う。のみならず、時間も浪費する。やっと完成したところで前の資料が見つかったりしたら目も当てられない。

整理整頓は、ついつい後まわしになるが、忙しいときならなおさら、たとえば**三〇分と時間をきめて机上を整理する**ことが「急がば回れ」になるのではないだろうか。

時間の使い方がうまい人、下手な人

忙しい忙しいと思っている人に限って、どこかで時間に振り回され、無駄な時間を過ごしていることが多い。好きな仕事を一所懸命やっているときは、なかなか気づかないが、**ちょっと疲れているなと思ったときは、忙しさにかまけているうちに時間に振り回されている証拠**である。

会社でムダな作業や不必要な会話が多く、仕事に身が入らない。夕方になって人が帰りはじめると、やっと落ち着いて仕事ができるようなタイプもいる。そして「今日も残業か」と思い「どうして自分だけこんなに忙しいのだろう」と勝手に思い込む。

時間の使い方が下手なために、休日にまで仕事を持ち込み、いつ頭が切り替えられるのかわからなくなる。まさに悪循環だ。

せっかくこの世に生を受け、人間として暮らしているのに、毎日毎日仕事のことばかり考えて時を過ごしてしまうのは、なんとももったいない話だ。

一度死んだら、もう二度と人間として生まれることはないかもしれない。

次は動物かもしれないし昆虫かもしれない。

ヒマになったら、と思っているといつまでたっても自分の時間が持てなくなる。

「昔は、バイクを買って乗り回すことが夢でした」という人がいたが、そういう人には「今からでも遅くはない、バイクを購入して安全運転で乗り回しなさい」とアドバイスするのがいい。

時間は与えられるものではなく、自分でつくるもの。その時間をつくれる人は人生をエンジョイできる人である。

だから、休日に仕事を持ち込むなんてもってのほかだ、などというものの、その私も休日に仕事をしているから大きなことはいえない。

会社のために、そこまで頑張る必要があるか？

自分はいたって健康、といっている人に限って突然バッタリとくる。

「なあに、俺はまだ若い、少々の病気やストレスなんてなんでもない」とか、「自分は学生時代ラグビーをやっていて、ちょっとやそっとじゃへこたれないよ」と豪語する人がいる。そして過剰なまでに自分の体を酷使し、疲れを抜くために飲み屋に行ってアルコールを飲み、おつまみとして塩分の多い食品を食べる。

こういう人は自分では積極人生を歩んでいるつもりだろうが、実はそうではない。自分の命を自分で縮めているだけに過ぎない。深夜まで仕事に熱中し、酒を飲み、エネルギーを蓄えることなく「疲労」を心身の別の場所で「負荷」または「負債」として蓄積していく。

「自信過剰」も仕事の上でときには必要かもしれない。しかし心身に対する自信過剰は、逆に大きな墓穴を掘ることになる。

過労・過食・過飲のツケは、血管が弱くなり、心臓に負担がかかるといった形で必ずまわってくる。あるいは脳出血などを引き起こし、最悪の場合、言語障害や身体の自由がきかなくなる。

会社のためにそこまで頑張る必要があるのだろうか。

そこが会社員の辛いところなのかもしれないが、いくら積極的に自分の人生を歩もうとしても、体をダメにしてはどうにもならなくなる。

人間の体は生身である。ガタがくるのも早い。
無理がきく若いときこそ、規則正しい生活、食生活を送るように心がけたいものである。

思わず足元をすくわれるこの決定的な要因

働く人のための健康管理については別章で改めてふれるが、現代は、ガン、高血圧、肝《かん》硬変《こうへん》、狭心症、動脈硬化など、さまざまなストレスや食生活の変化などによる生活習慣病の時代だといわれている。

ご存知の通り、そもそも生活習慣病は、細菌性のものと違ってなかなか初期症状が現われにくいので、どうしても気がつくのが遅くなる。

前述した通り、二〇代から三〇代は、若さにかまけて仕事に没頭し、その疲れを「抜く」ためにアルコールに依存する人が多い。

これが原因で、最近肝硬変が増加し、四〇歳から六〇歳代にかけての年齢では死亡率が、ガン、心臓病、脳卒中に次いで第四位と急増している。肝硬変は末期になると肝臓肥大、消化管内出血、腹水などの重い病状となって、生命の危険にさらされるから怖い。

生活習慣病は初期症状が現われにくい病気で、最初は単なる疲れだと思って放っておく人が多く、そのうちに症状は次々に進行する。そして自覚症状が出てあわてて病院に駆け込んだときには、すでに末期だったという例が少なくない。

休日も返上し、スポーツといったら接待でするゴルフぐらい。あげくのはてに成人病に悩み、せっかく一所懸命に積み上げてきた自分の大切な人生が、そっくりその病気にかすめ取られてしまうことになるのだ。

自覚症状が出てから医者にかかるのでは「遅かりし由良之助」であり、入院騒ぎになってから自分の人生を悔やんでも「後の祭り」なのである。

また、ガンも現代医学では、初期症状の段階で発見できればほとんど治癒できるといわれている。しかし最も恐ろしいのが転移することだ。

医者の一人として、毎日忙しく働く方に、心底お願いしたい。

組織で、**地位と役割とその責任をまっとうすることが、体よりも大切だろうか。**若いときに自分を酷使し高い地位を築いても、体がガタガタではいったいその後どうするつもりなのか。取りかえしのつかなくなる前に、一度立ち止まって考えてもらいたいのだ。

第3章

趣味を生かして生き方を変える

趣味があれば仕事もうまくいく

「時間よ止まれ」という言葉があるが、ときどき時間が止まってしまえばどんなにいいだろうと思ったことはだれにでもあるだろう。

しかも、時間の無駄使いをしないようにと考えたあげくに焦ってしまい、その日の目標も立てずにただ目についた仕事から取りかかって、結局、片づかなくて嘆いたことはないだろうか。

そんなとき、思わず「時間よ止まれ！」と叫びたくなるのは当たり前だ。

こう叫びたいという衝動に何度でも駆られた経験のある人はまず仕事をはじめる前に、その日一日の仕事の配分を考えてからスタートすべきだ。結果的には、そのほうが仕事がスムーズに進むことがあり、それが習慣づけば思わぬ力となってくれることがある。

これを**チェンジ・オブ・ペースという。つまりペースを変えることで、仕事を能率よく片づけるという方法である。**

私は長年、あちこちで講演を頼まれたりして、旅行が多かった。

旅行中でも、容赦なく原稿の締切日はやって来る。したがって、講演や会議が終わってホッとするヒマもなく、帰ったホテルの部屋で一人黙々と机に向かわなくてはならないときもある。

しかし、私にとって最も執筆能率が上がる時間というのは、ホテルでくつろいでいるときではない。これがなんと、いよいよ帰るという飛行機の中でなのである。

それもあと数時間で到着する、というときに猛烈にペースが上がる。「火事場の馬鹿力」といってはいい過ぎかもしれないが、このときの私の心境はそれに近いものがある。

これには理由がある。もはや、帰ったら、いろいろな仕事が待ち構えている。もう原稿を書くヒマなどはなくなるだろう。

そう思うと不思議に筆がスラスラと動くのである。まるで飛行機の中にいることすら忘れてしまいそうになる。そこで、必死になって執筆に専念するというわけだ。

いわば、旅行という趣味を生かしてのチェンジ・オブ・ペース法である。

こうした力はだれもが持っている。だれもが持っている力なのだから、うまく利用しない手はない。

生きがいに才能は必要ない

かつていわゆる高度成長時代という時期があった。人も会社もガムシャラに働いてさえいれば幸せな時代だった。

しかし、成長も頭打ちとなり、量から質に転換するようになってくると、単にガムシャラに働くだけでは人も会社も満足しなくなる。

とくに不景気が長くつづくと、ひたすら長時間働いてばかりいればいいというものから、自分を生かして同時に会社にも貢献できる社員を求めるという傾向になる。

したがって、会社にとっては社員の生産性を上げるためには短時間で能率よく仕事をするといった質の向上をさらに一層求めていくことになる。

そのためには、頭が固くただ真面目なだけではしんどいだろう。

もしあなたの生きがいの大半が会社だったとしたら、もっと別の楽しみに目を向けてみよう。

どんなささいなことでもいいのだ。生きがいに才能など必要ない。

「生きがい」というとなんとも大げさに聞こえるが、要するに、**どんなことでも「楽しんでやろう」とする気持ちさえあればいい**のだ。

「楽しんでやろう」とするのと「しかたなくやる」というのとでは、大きな違いがあるだろう。どうせやるなら前者でやるほうがいいにきまっている。

最近はお金より時間を大切に思っている人が多いというから、給料が多少すくなくても休みがたくさんもらえる会社に人気が集まっているらしい。

一昔前はなんといってもマスコミやデザイン関係の業種が若者に人気だったが、最近は仕事以外に生きがいを感じる若者の増加が目立ち、休みが少なくて自分の時間がとれないという理由で、この業種は人気が落ちているという。

確かに好きなことをやって食べていければ、こんないい話はない。

しかし、好きなことと仕事がぴたりと一致する人はそう多くないのが実状だろう。それを前提に、**休みの日に楽しんで取り組める「生きがい」を見つけることが、仕事人生のためにも重要に**なってくるのではないだろうか。

この遊び心が生き方上手をつくる

私は、若い頃からときどき飛驒《ひだ》山脈の白馬岳《しろうまだけ》に登っていた。

七十代も半ばにさしかかったあるとき、ふと思い立って登ったことがある。

わざわざ白馬岳に登るためだけに出かけたわけではなく、たまたま白馬《はくば》村で講演の話があったので、せっかくここまで来たのだからという遊び心が働いて、途中足をのばしてみようと思ったのだ。

私なりのペースで、どこまで登れるか挑戦してみたいたという気持ちもあった。

したがって、準備万端とはいかなかった。登山靴など持ってこなかったので、私は普通のクツで雪渓《せっけい》の下までたどり着いたが、岩はゴツゴツしているし雪解けの水がザーザーと流れていて、もし転んだりしたら骨折するだろう。

しかしやっとこさ白馬岳の大雪渓下の白馬尻までたどりついたときの満足感は、かなりのものだった。

この気持ちは、山を愛し登山の楽しみを知っている人でなければわからないだろう。思いきってよかったと、心から思った。

登山に限らず好きなことに興味を持って接することは、人間にとって必要なことではないだろうか。

若いときのようにがむしゃらに挑戦する必要はないが、時間をかけてゆっくりと、自分のペースでこなしていく。そうすれば長続きもするし楽しめるというものだ。

自分の生き方や養生そのものにプラスになる遊びは大いにやるべきだと思う。

「仕事ができる人は遊びもうまい」とよくいわれるように、ストレス解消のための、ほどほどの遊びはぜひ必要であろう。

三日坊主で構わない、というくらいに気楽に考え、なんでも試してみることがいい。それがまた新たな興味にもつながるのだ。

おっくうだ、自分にはできそうもないとはじめから尻込みすることが一番もったいないのではないだろうか。

あなたは、忙しさにかまけて自分の遊び心をつぶしてはいないだろうか。

どんな小さなことでもいい。コツコツと少しずつでも遊び心を大切にしていくことだ。

仕事と趣味を近づけると人生がどんどん面白くなる

仕事をイヤイヤながらするのと、楽しみながらするのとでは、能率がまったく違う。いくら長い時間をかけても、イヤイヤながらやっていたのでは、仕事が少しもはかどらない。仕事がはかどらないと、スケジュールがどんどんつまり、結局、今日はいったいなにをやったんだろうかということになる。こんなことなら、いっそのこと有給休暇をとって自分の趣味を一日中やっていたほうがずっとましだったという結果にもなる。

たとえ苦手だとかイヤだと思っていても、それを避けてばかりいないで、とりあえずはじめてみるという方法がある。

もうひとつ、**やらなければならない仕事に積極的に取り組むためには、仕事と自分の趣味、やりたいことを近づけるという方法がある。** 度々私の例になって恐縮だが、参考になるかもしれないので紹介しよう。

以前、ウィーンでの講演を頼まれたことがある。私自身が以前より確かめてみたいと思っていたことがあったため、引き受けることにした。

私の父茂吉は、一九二二年から一九二三年にウィーンに留学し、そのあとドイツのミュンヘンに留学している。ウィーンを中心として各地にも足をのばしている。学生だった父が当時泊まったホテルやよく通ったカフェなどを、この機会に見つけてこようと考えたのだ。

以前にも何度か仕事でウィーンには出向いているが、いくら探し回ってもそれらが見つからず、結局そのときはあきらめて帰国した。その後、場所や店の名前を間違って教えられていたことがわかり、正しい名を調べたのでぜひつきとめてみたいと思っていた。

幸いなことに、そのときの講演旅行で、父がウィーンで通っていたカフェを発見することができた。

当然、名前は変わっていたが、現在も店は開いていて、すでに五代目の経営者に代わっていた。さらに山中の温泉町まで足をのばし、父が泊まったホテルも探した。それもすでに名前はかわっていたがなんとか見つけることができた。

六〇数年も前に父の通ったカフェや田舎町のホテルを探す行程は、思いのほかたいへんだった。列車を乗り継いでやっと目的地にたどり着いたら、結局バスを利用したほうが早かったりといった具合だ。

しかし、目的の店やホテルが見つかったときの喜びは、ひとしおというものだ。

私の「もの好き」な性格もあるだろうが、好奇心がどうやら先行するようだ。もちろん、一日中足を棒にして探し回っても、結局見つからなかったりすることもままあるが、それでも見つかったときの感動を味わいたいがために、また次も頑張るといった具合だ。

気の進まない仕事でも、なにか自分の好きなことと関連づけ、取り組んでみたらどうだろう。

ビジネスマンの出張は、ほとんど余裕はないだろう。

しかし、出張とはいえせっかく旅行に出るのだから、ほんのちょっとの余暇を利用し、郷土料理を楽しんだり、その土地の歴史をひもといてみるのもいいではないか。

「三日坊主」を返上するには

「三日坊主」という言葉を耳にするたびに、頭を抱えてしまう人は多いだろう。

〝禁煙〟からはじまって、〝週末の休肝日〟〝毎朝のジョギング〟とプランはいろいろと考え出すが、とかくそれが長続きしない。

私の知り合いにこの「三日坊主」を返上した人がいる。

この人は人並みに「三日坊主」を経験した人だったそうだが、このたび自らすすんで小学校二年生の息子の野球チームに参加しはじめたのだという。目に入れても痛くない息子が「野球がしたい」と言い出したことをきっかけに、毎週日曜日、雨の日以外は必ず出かけていくようになったそうだ。

この野球チームにはお茶当番というのがあって、チームに参加している子供の親が、練習や試合のたびにコーチにお茶などの世話をすることになっている。コーチといっても野球好きの父親や、近所の野球経験者たちが集まって、ボランティアで引き受けているそうだ。

このお茶当番というのが案外たいへんで、奥さんがそれを拒否したことがきっかけで、彼が出番となったわけである。もちろん奥さんが強制したわけではなく、自らすすんでこの役を買ってでたという。

そしてけして「三日坊主」にならない、もう一人の当番の人に押しつけない、ときめて息子をこの野球チームに参加させた。

引き受けたものの、はじめのうちはしぶしぶ出かけていったらしいが、お茶当番をすませたのちに練習の相手をするようになり、自分でも運動不足解消になるし、子供とのコミュニケーションもはかれるし、すっかり気に入ったという。

とうとう当番の日以外も参加するようになり、結局そのために奥さんは毎週二人分のお弁当を作るハメになったらしいが、それでも週末ゴロゴロ家の中にいられるよりはいいし、週末の楽しみを見いだしてくれれば安心と奥さんは非常に喜んでいるという。

この人の場合は、息子のためにと思い切ってはじめたこと、新しい仲間が出来たこと、野球そのものが自分自身の楽しみになったことが、「三日坊主」を返上した理由だろう。

なにかはじめようとするとき、一人ではおっくうなことでも、仲間がいれば長続きするのではないだろうか。

欧米式ホームパーティーのすすめ

以前、余暇開発センターがサラリーマンを対象にまとめた調査によると、仕事より家族という時間が大事という人は五〇歳代三一・四％、四〇歳代五〇・〇％、三〇歳代六〇・六％、気がすすまなくても家族とレジャーに出かける人は五〇歳代五〇％、四〇歳代・三〇歳代八〇％前後、となっている。

この結果を見ると、世代を越えて家族志向は強くなってきてはいるようだ。

しかし、現状はそうは問屋がおろさない。「ゆとり」をもって生活することが大切だといわれて久しいが、休みたくてもなかなか休めないのが実情だ。

欧米ではよくホームパーティーをする。それは日本のパーティーとは違い、内容は質素なものだ。食べることが目的ではなく、話すことが目的であるから、日本のように家中を掃除しないと招待できないとか、食事の仕度も何日も前から仕込む必要もない。

ウィークデーは仕事に専念し、土日の休日は仕事にはまったく関係のない人間同士のホームパーティーをする。

そうすることによって、ストレスの解消、家族とのコミュニケーションを同時にはかることができる。

アメリカの精神医学の教科書には、**「うつ病になるとパーティーを開かなくなるから、パーティーを開かなくなったらうつ病の信号」**と書かれているほどだ。

日本ではウィークデーだけではなく、休日まで職場の人間とつき合うケースがある。これでは人間関係は広がらない。会社にいても家にいても、仕事から逃れることができないのと同じである。

パーティーに出れば必ず新しい友達ができ、未知の人に対する好奇心が満たされる。共通の話題がないかもしれない、などと心配することはない。仕事ではなく、ただのパーティーなのだから、話が盛り上がればもうけものという気持ちでいればいいのだ。適当に未知の相手にも合わせていればよい。ほとんど知人がいないパーティーでも出席しないよりはましなものだ。

この忙しいのにパーティーなんて開けるか、という人も多いだろうが、休日までつぶして仕事をして、はたして大きなメリットが得られるのだろうか。人間そんなに頑張って仕事をしても、結局体を壊してしまっては元も子もない。

大勢の人と会う中で、自分の仕事とはまったく関係ない人と話ができるチャンスがある。畑違いの人こそ、ときには自分のビジネスの参考になる話が出てくるかもしれない。

幅広い人間関係は、人間的な広がりをもたらしてくれる。

〝旅〟はとっておきの心の栄養剤になる

どんな薬を飲むことよりも、私にとって欠くことのできない栄養剤は、「旅」である。

だいぶ前の話になるが、一九八五年は、前年の母の死や父の三三回忌、また精神科病院協会会長としての最後の仕事を片づけたり、次期会長への引き継ぎ事項等々で、この栄養剤を注入することが一年ばかりできなかった。

つまり、海外旅行に出かけられなかったのである。そう思うといてもたってもいられなくなり、私はとうとうオーストラリアへの旅を計画した。

ものの考え方や行動が私とは正反対に違う家内との旅行は、私に適度なストレスを与えてくれ、それが緊張感につながって栄養剤に必要な条件のひとつになっている。

母・輝子と同行した旅も、これ以上に疲れる旅が多かったが、いまから思えばこの平凡ではない旅が私を刺激し、その後の執筆に大いに役立ったといえるだろう。

家内とのオーストラリアの旅は、シドニー郊外にある州立のカンバーランド精神科病院を視察するという目的のほかに、未知の土地であるノーザン・テリトリーの砂漠地帯をバスで走ること、また大陸横断の長距離列車「インディアン・パシフィック」に乗り、西端の新興の地パースでインド洋を眺めることにあった。

オーストラリアをよくご存じの人はおわかりだろうが、とにかくオーストラリアは「スト」が多かった。だからこの旅を計画したときも、この「スト」に出くわさないように願ったにもかかわらず、国内線のアンセット航空の地上職員ストに出くわしてしまった。

われわれはシドニー乗り換えで旅の基点であるオーストラリア北端のダーウィンにからくも到着できたが、着のみ着のまま荷物を手にすることもできないで一晩を過ごすことになった。二日目の晩、やっと荷物が届いたときはさすがに家内もホッとしたようだった。

真っ先に訪ねた精神科病院の医師から「ハレー中毒」がはやっていると聞いたときには、最初なんのことだかさっぱりわからなかった。

この「中毒」とは要するに、その年地球に接近した〝ハレー彗星《すいせい》〟熱に浮かされていることを意味していたのである。むろんジョークである。

さて、大陸内部のテナントクリークの小さなモーテルに宿泊した晩、私は連日の長時間走行の疲れと、夕食に飲んだワインとウイスキーの酔いでぐっすり眠ってしまった。

寝耳に水とはこのときのことをいうのだろう。私は夢心地のところを、いきなり家内に起こされた。

その晩の空は一点の雲もない満天の星空だった。その空を眺めながら、家内からあれが火星、あれが南十字星、そしてあれがハレーよと説明を受けたが、うんうんとただうなずくだけ、それでも家内はなかなか私を寝かせてくれない。

そのハレー病の発作は、案の定その一晩だけで終わらなかった。翌日も、家内はオーストラリア大陸のど真ん中に位置するスチュアート山が見えることにも目もくれず、ただひたすらにドライバーから借りた星座図をながめ、寝不足から居眠りをはじめてもその地図だけはしっかり握りしめている。

北部のダーウィン以来やっとホテルらしいホテルに宿泊できたのもつかの間、その晩も家内のハレー病発作はとどまることを知らず、私はせっかくのゆったりとしたベッドで寝ることすらできなかった。家内のハレー病は、ますます悪化、ついに夢遊病も併発して、エアーズロックにたどりついたある夜にパジャマの上にコートを羽織り、部屋を出て行ったかと思うと、しばらくしてまるで幽霊にでも取りつかれたように帰ってきた。そして私の手を引っ張って空がよく見えるという場所に連れ出した。

こうなったらとことんつき合うしかないと覚悟をきめた私の目前に、あのハレーが急激に大きく、シッポをシューシューと噴出させながら通り過ぎた。

むろんこれは私の願望からきた「錯覚」だが、家内のおかげで、私は貴重なハレーをかすかに目撃することができた。

家内のこの粘着性、神経質な性格がたえず私に緊張感を与えてくれ、その結果、エネルギーの源となっていることはいうまでもない。

ほどほど飲酒のすすめ

人間とアルコールとのつき合いは、いつ頃はじまったのだろうか。

それには長い歴史をさかのぼらなければならないが、いわゆる採集生活の時代、グミの実や梅の実、野ブドウなどを発酵させてアルコールを含む液体になることを知ったときからはじまったといわれている。

私も仕事に行き詰まると、アルコールの力を借りて仕事を片づけるときもあるということは前に書いたが、適量であればかえってリラックスできる。

日本人はだいぶアルコールを飲むようになったといわれているが、元来、それほど大酒飲みの人種ではない。日本人はアルコールが入ると、顔が赤くなるのが特徴といわれている。**「ジャパニーズ・フラッシング」**という英語があるくらいだから、世界的にも有名な話だ。

もちろん、赤くならずに青くなる人、まったく顔色を変えずに飲む人もいるが、日本人の約半数の人がアルコールを飲むと、顔が赤くなるという統計が出ている。なぜかというと、アルコールの分解能力が低いからである。そのために大量にアルコールを飲むことができない。これはかえって体のためにはいいのかもしれない。いくらでもお酒が飲めると、内臓を悪くしたり、肝臓を弱めるという危険があるからだ。

こわいのは、アルコール依存症になることだ。

一人で飲むとついつい飲み過ぎてしまうことが多い。

だれか相手がいると話しながら飲むし楽しいお酒になるので、ストレスが発散されてそれほど量を多く飲まなくてもすむ。

ところが、一人で黙々と飲むと、ただただ飲むことだけに集中してしまい、気がついたら普段の倍以上の量を飲んでしまっていたりする。

しかし、いくら飲んでもストレスは解消されない。たくさん飲むという罪の意識がさらにストレスになる。こうなると赤信号である。さらに悪いのは、酔いが内にこもってしまうことだ。話し相手がいればそこで発散できるが、発散する相手も場所もないわけであるから、悩みは自分の周囲をどうどうめぐりするだけとなる。

私が提唱しているのは、**「ほどほど飲酒」**である。

適量を楽しい雰囲気で飲む限り、アルコールは決して悪いものではない。適量であれば最良の精神安定剤、疲労回復剤になる。

アルコールの効用としては、次の五つのようなことがある。

① 精神的な抑制がとれる
② すべてが美化される
③ 劣等感が解消される
④ 血液の循環をよくして疲労回復にも役立つ
⑤ 食欲が増し、よく眠れる

われわれは毎日の社会生活の中で、さまざまな制約に縛られている。

これは意識するしないにかかわらず、私たちの生活を束縛している。その「抑制」のおかげで、私たちは社会のモラルにのっとって生活していけるのだが、少しも解放されることがないとノイローゼに陥ってしまう。

この抑制をとるいちばん早い方法が、アルコールを少量入れることなのである。

飲み屋で「うつうつ気分」を晴らそう

アルコールが少々入ることによって、一〇人並みの器量の女性も美女に見えたり、見あきた家内の顔も魅力的に映るというものだ。ときには、現実を美化して見るのも楽しいことだ。

好きな女性にプロポーズしたり、気持ちを伝えようと思ったとき、アルコールのおかげで話すことができたといった話もよく聞く。アルコールの力を借りなくとも平気だという人は別だが、日頃無口な人がいざ自分の気持ちを伝えようとすると、なかなかうまい具合にことが運ばない。

日本人は一般的に恥ずかしがり屋、テレ屋であるから、アルコールの力を借りて劣等感を解消し、社交性を発揮できるのである。

女性には冷え性に悩む人が多い。夜寝るときに足などが冷たくなってなかなか寝つけないときは、寝る前に少量のアルコールを体に入れると、ぐっすり眠れる。要するに血液の循環の問題だ。

ほどほどの飲酒には、このようにいろいろな効用がある。

ビジネス街の飲み屋は、日々の疲れをいやす老若男女でにぎわっている。ときに会社の同僚と一杯飲んで上司の愚痴や悪口のひとつでも言い合えば、あとはスカッとしてストレスが解消され、明日への活力となるだろう。

日本人は会社の仲間とばかりつき合うというが、一緒に酒を飲むことは悪いことではない。気心の知れた仲間と飲んで日頃のうっぷんを晴らすことは、つまり感情を表に出してあげるということ。これはうつうつ気分を長引かせないための薬ともいえるのだ。

また、アルコールが入ると人間は開放的な気持ちになり、アルコールの力でコミュニケーションがとれる場合もある。酒の場で相手の違った面が見えてくるということもあるから、大いに結構だ。

日頃イヤな上司だ、イヤな同僚だと思っている人間でも、ときどきお酒の相手をしてコミュニケーションを心がけてみると、意外な面が見えてくるかもしれない。今までイヤなヤツだと思っていたことが、誤解からくるものと気がつくこともあろう。

もちろん、**お酒を飲んだことによってなおさらイヤになる場合もある。**

昼間の職場での失敗や日頃のグチをネチネチといわれたり、自分の過去の成功談ばかりを吹聴されて、それと比べて説教されたりすると、もうコミュニケーションをはかるどころではなくなる。

タイプ別・酒の席でのつき合い方

酒席はどうも苦手だという人がいる。

たいていは断るが、毎回毎回断ってばかりいるとヒンシュクをかうだろうから、三回に一回ぐらいはつき合わねばなるまい。

仲間のなかには、酒が入るとたちが悪くなる輩もいるかもしれない。ここでは、タイプ別に賢い対処法を簡単に紹介しよう。

まず、ネチネチとからんでくるタイプは、ささいなことも忘れず根に持つだろうから、たとえ酒席で打ち解けた雰囲気になっても**けして心を許してはならない**。そこでいい気になって本音を吐くと、あとでどんなシッペ返しを受けるかわからない。スキは見せてはならないタイプである。

次に、自分の手柄を吹聴する人は、自分がだれよりも能力があると内心思っていて、いつも周囲から注目を浴びていないと気がすまないというタイプだ。

このタイプと酒を飲むときは、**常におだてて相手を立ててやる**こと。自分の実力で仕事を完成させても、その人のおかげであることを誇張することを忘れてはならない。

体にアルコールが入ると、その薬理作用で精神の抑制が取り去られる。

社会人生活を円滑におくるために、自分の意見ばかりを主張するわけにはいかず、どうしても相手の意見を取り入れようというルールを守らざるを得ない。無意識のうちに自分の心にブレーキをかけ、自分の気持ちを抑制していることが多いはずだ。

この抑制下におかれている人間の精神を解放してくれるのがアルコールである。

アルコールと適度につき合っていくことが、仕事とうまくつき合っていくことにつながるのではないだろうか。

いずれにしても、なにごとも過ぎたるは及ばざるがごとしである。

それこそ、お酒は毒にも薬にもなる。酒に呑まれることなく、ほどほどにしておくことであなたの人生は快適にも、病がちにもなるのである。

このことをゆめゆめお忘れなく。

第4章 すべては健康からはじまる

〝楽しく生きる〟ために欠かせないこんなこと

私たち精神科の医師のもとを訪れる方の中でもっとも多いのが、中高年層である。とくに「うつ病」かもしれない、と来院する方がここのところ増えている。

うつ病は、**日本人の七人に一人が生涯のうち一度は発症する**といわれている。〝楽しく生きる〟という単純なことが、できにくい時代到来といっても過言ではないだろう。

精神科は、入院患者の増加はもう頭打ちで、代わって外来患者が増えてきた。つまり軽い人がたくさん病院にくるという傾向にある。

重症の方が減るのはもちろん喜ぶべきことだが、外来で訪れる方も、軽いとはいえ悩んだ末に来院され、心がくたびれ果てている方も多い。

心身の病にかからないようにするために、どうすればいいか。それはまず、病気をしない体を作るということが大切だ。心の健康も、まずは体調に出る。

高齢化社会の進展とともに、心身の健康の大切さはますます大きくなっている。いくら長生きできても、ベッドの上でずっと寝たきりでいなければならなかったり、毎日毎日自宅と病院を行ったり来たりする生活はつらいものだ。

若いときのように元気に飛び回れないにしても、それなりに自分の好きなことをやりながら毎日を過ごせなくては、楽しく生きているとはいえないだろう。

健康には、心の健康と肉体の健康がある。心の健康が微妙に肉体にも影響をおよぼしていることもあるし、体の症状が前面に現われてくる場合もある。

昔から〝病は気から〟といわれているように、心と体を厳密に分けてどちらかだけが健康であるというのはなかなか難しい。だから仕事もし、楽しく人生を過ごすためには、どうしても心身ともに健康である必要があるというわけだ。

若い丈夫なときこそ、心がけたいこの生活術

規則正しい生活をすることは、それほど難しくないと思っている人がいるだろうが、ところがどうして、これが結構難しい。

残業して夜遅く帰宅し、寝る時間が遅くなると、翌朝の目覚めは当然悪くなり、どうし

ても起きられない。しかし起きなくてはならない。

結局はギリギリまで寝ていて、朝食もとらずに電車に乗る。昼食の時間まで胃の中に入るのはせいぜいコーヒーか紅茶ぐらいとなる。

その反動で、お昼になると待ってましたとばかりにめちゃくちゃに食べ、胃の負担は大きくなり胸やけを起こす。せっかくおいしい食事が、食後なんともいえない不快感に襲われる。

こんな生活も若いうちはなんとか無事にすむ。

せっかく親からもらった健康体を、なにもいたぶる必要はない。残業がつづいても規則正しく食事はとれる。残業とわかったら、その前に残業食を必ずとってから仕事にかかる。

そして帰宅してからもゆっくり風呂に入り、余計な深夜番組などは見ずにすぐにベッドにもぐり込む。このときに飲む少々のアルコールなら、睡眠薬を飲むことよりずっと健康的でぐっすり眠れるだろう。

そして翌朝は多少眠くても我慢して、少なくとも出社一時間前には起きる。パンをかじるのでもいい。バナナの一本でも口に入れることだ。そして新聞に目を通す。要するにいかに熟睡して目覚めるかということにかかっている。

しかし、規則正しい生活を送るということは、無理はしないということではあるが、自分自身を過保護にするということとはちょっと違う。

月曜日から金曜日まで自分をいたぶり、週末は一日自分を甘やかす。それでは健康を害し、ストレスはけして取り除けない。

江戸時代の儒学者、貝原益軒は「養生訓」として、

「心は豊かにすべきであり、苦しんでばかりいてはならない。体は大いにこれを使い、働くべきで休め過ぎてはいけない。自分の心身を過保護にすべきではない。養生を好み、美酒を飲みすぎ、色を好み、体をいたわりもせず、怠け、横になってばかりいるのは、自分自身を過保護にするだけで、かえって体には害となる」

と述べている。

不規則な生活をして体に負担をかけるのもいけないが、同時に自分の心身を過保護にすることも、よくない。

そこからはけして生命のエネルギーは湧いてこないのである。

うつ病のサインはどうして知るか

かつて厚生労働省が行なった調査によると、仕事に関して強いストレスがあるとする人は、六一・五パーセントにものぼるという。

ストレスは、「うつ病」の最大の原因である。

この調査によると、具体的なストレスの内容としては「職場の人間関係の問題」が三五・一パーセントと一番高い。次いで「仕事の量の問題」三二・三パーセント、「会社の将来性の問題」二十九・一パーセントとなっている。

また、男女別に見ると、「職場の人間関係の問題」は男性（三〇・〇パーセント）より女性（四四・四パーセント）が高く、「会社の将来性の問題」は男性（三四・二パーセント）の方が女性（十九・九パーセント）より高くなっている。

うつ病は、仕事生活の中で、逃れられない問題である人間関係や、環境の変化がきっかけになって発病するケースは少なくない。

現在、日本でうつに悩んでいる人の数は、潜在的なケースを含めると数百万人ともいわれている。

うつは重度となると、自殺願望が出てくるなど、危険な状態となる。**自分に自信が持てず、「どうせ自分はとるに足らない存在だ。能力もなければ運もない。すべてあきらめてしまいたい」というような思いにとらわれてしまう。**このような状態になると、深い悲哀感に包まれ、心のエネルギーが一時的に不足したようになる。

この病気を早期発見するためには、家族や周囲の友人たちの日常的な注意が必要だが、**まずは自分自身をよく知ること、そして逃げ道を見つけておくことが大切だ。**

気分が落ち込むのは、だれでも日常的にあることだが、それが長引き日常生活に支障をきたすようになれば、「うつ」の警戒警報が鳴っていると考えられる。

なるべく早めに精神科医を訪ねて相談する必要があるだろう。病気には早期発見、早期治療こそがなによりも大切なことはいうまでもない。

日常のパターンが崩れ出したら要注意

週末にゴロリとソファーに横になって、一日中ゴロゴロしていてもなんだか疲れがとれないと感じたら、それがつまりヴァイタリティがなくなって疲れやすくなったということである。

私はとくに夏の暑い盛りに、原稿を書くべく机に向かっても、すぐに疲れて横になりたくなる。私の場合は自宅で原稿を書いているときであれば、いつでもゴロリと横になれるが、皆さんがオフィスでゴロゴロするわけにもいかないだろう。

せいぜい書類のいっぱい積まれた机の前で、深いため息をつくことぐらいが関の山かもしれない。家に帰って週末にゆっくりのんびりすれば、その疲れがとれてしまうのなら問題はないが、休養や睡眠を十分とっているにもかかわらず、どうも疲れがとれないというのであれば、一度専門医に診てもらう必要があると思う。

疲れの原因が、ビタミンB_1不足など偏った食生活が原因の場合もあるし、体に別に異常がなかったらうつ病の疑いもあるかもしれない。

身体的な原因がなにもないのにどうも気力がなくて疲れやすいという人は、精神的な原因によると考えたほうがいい。疲れていると、普段なんでもないことでもおっくうになる。たとえば、**風呂に入る**こと。風呂に入ることがいやになるなんて、とても信じられないという人もいるだろう。

私も仕事が終わって寝る前に、必ず風呂に入るのが日課なのだが、ときどきそれがおっくうになって、このまま眠ってしまいたいと思うときもある。

この状態が毎日つづくようなら、要注意である。ひょっとしたら自分はうつ的になっているかもしれない、と疑ってみるべきだろう。

風呂だけではなく、**朝、顔を洗ってひげを剃る、朝刊を読むといった日常のきまりきった独自の生活パターンが崩れてきたら、うつのサイン**だと思うべきだ。

まず、医師に相談し、また自分でストレスを発散できる方法を考えることも重要だ。もともとスポーツが好きな人なら、週末はあえてそのスポーツをしてみたり、また体を動かすことだけでなく、静かに読書を楽しんだり絵を描いたりするのもいいだろう。

一日一度、頭の中を空っぽにすべきこんな場合

うつ病とは、もともと専門的には躁鬱《そううつ》病に分類され、感情が高揚する躁状態と感情が沈潜するうつ状態が、それぞれ別々に繰り返して現われる病気である。

うつ状態だけが周期的に繰り返すのを「うつ病」と呼び、躁状態だけが繰り返すのを「躁病」と呼ぶ。

躁病のほうは社会的家族的に影響が大きいが、かかる人の数は少ない。どちらかというと数の多いうつ病のほうが問題が大きい。躁状態の場合は、気分が高揚し、アイデアが突然湧いたり、手当たり次第に友人に電話をかけまくったり、また上司に大きな態度をとったりする。

それとは反対にうつ状態になると、すっかり自信を失い「世の中どうせ不平等な世界だ。自分はいなくたっていいんだ」と考えてしまう。

そして決断力もなくなる、将来に絶望し自殺まで考えたりする。

そのほか頭痛に悩まされたり、食欲不振や不眠症になることも多い。どちらかというと

このうつ病は、朝、症状が重いために会社に出勤できなかったり、日中、特に午前中は頭が重苦しく仕事の能率が悪くなってしまう。そして、夜になると元気が出てくるために、会社で周囲から冷たい目で見られるということもある。

軽度でも心の病を抱える人が増えてきている背景には、私は現代の「欲望社会」が大きな要因としてあるのではないかと考えている。情報化社会で、意識して耳をふさがない限り、様々なおもしろそうなこと、また成功者のストーリーなどが耳に入ってくる。

物質的には満たされているにもかかわらず、心はなにか「もっともっと」と求めるが、もちろん、その肥大した欲望にすべてこたえられるわけはない。

そんな病的状態に陥らないためには、**一日一時間でもいいから頭の中を空っぽにする**ことをおすすめする。

私は、どんなに疲れていても深夜であっても、寝る前に必ず好きな飛行機の本を読む。趣味の本に夢中になると、眠りに入るときなにも考えずに自然に心地よい眠りにつける。どうしても寝つけないときは自ら操縦桿《かん》を握り、ビル街を飛び回っている自分を想像する。

前にも述べたと思うが、私の父は一九二四年に病院が全焼したとき、院長であった紀一に代わって全国を金策のために駆け回った。院長に就任してからも過労や苦悩で連夜睡眠薬の助けを借りていた時期もあった。それでも父は真の〝うつ〞にはならなかった。

当時の父の日記には「物モ書ケズ」とあるが、実際には旺盛な文学活動や執筆活動を行なっているから、この〝書く〞という行為が父の〝うつ〞への傾斜を食い止めたと思うのだ。

心の病は会社中心の過剰適応から起こる

働く人に多いといわれている軽いうつ病のサインを整理してみた。

①　頭が重苦しい
②　食欲不振になる
③　不眠に悩まされる。深夜突然目が覚めて、その後全然眠れなくなる
④　朝、なかなか起きることができなくなる
⑤　夕方から夜にかけて、だんだん元気になるといういわゆる夜型人間となる
⑥　セックスに興味がなくなる

⑦　わけもなく疲れる
⑧　激しい運動をしたわけでもないのに、心臓がドキドキする
⑨　自信がなくなる。また自信を失う
⑩　人と接することがいやになり、人を避けるようになる
⑪　社会の動きを知ろうとしなくなる。新聞やテレビを見ない
⑫　気分が落ち込みやすい
⑬　決断力、判断力が乏しくなる
⑭　物事を気楽にできない

この項目が、即、うつに結びつくわけではないが、ひとつでも思いあたる部分があれば、自分の状況、原因をじっくり考えてみて欲しい。

うつ病は、時代の移り変わりと比例して、その症状も少しずつ変化しているようだ。さらに発病年齢がかつては三〇、四〇代くらいだったのが、今は五〇代以上の人も急増している。

仕事を持っている人に多くみられるものに、**「過剰適応」**がある。なんとか会社に合わせようと努力し過ぎて、会社中心人間になってしまうというタイプだ。

つまり、知らず知らずのうちに会社や仕事だけが自分の生きがいになってしまっているのだ。もし思いあたる節があれば、前章も参考に、仕事は「ほどほど」にして、趣味も楽しむバランスのとれた生活を心がけてほしい。

養生のもとになる三つの気とは

うつ病に関する話は、私のうつ関連の本に詳しいが、うつの予防として、ふだんの日常生活の心がけもとても大切だ。これから少し、心身共に健康を維持するために知っておくべき、根本的なことをお話ししたい。

昼寝や居眠りが多いと当然、夜眠れなくなる。体を動かしていないので、なかなか寝つけないし、深夜番組をうつろな目で見ながら夜更かしすることになって、結局それがもとで翌日疲れがたまる。まったく悪循環な話だ。

一日中なにもせず、いわゆる**「滞った」状態**でいると、体の機能がニブくなり血液の循環は弱まる。人間は常に変化の中に生き、刺激を受けて活性化するものだ。

ところで、やや抽象的な話になってしまうが、人間の養生のもとは**精気・元気・鋭気**の三つだといわれている。この三つをそれぞれ辞書で調べると、こういうことになる。

精気とは、万物が生じ発展する根本の気、また活動をつづける心身の根気。

元気とは活動のもとになる気力、またそれがあふれている感じであること。

鋭気とは、読んで字のごとく鋭く強い気性・気勢。

精気・元気・鋭気という三つの気力がバランスよく体内に満ち、これらが常に循環し、意欲的な生活を送ることがもっとも人間にとって充実しているときではないだろうかと思う。

人間であることをやめた状態では、そうした、精気・元気・鋭気といった気力は、すべて減りつづけていく。

体を動かさず、室内にいる状況が長くつづけば気力は循環せず、気はふさがる。激しい運動はかえって疲れるので避けるにしても、毎日持続できる程度の運動を、一日一〇分から一五分程度、ほどほどに体を動かすのがいいだろう。

気分転換し新鮮な気力を絶えず注入することが、養生の術である。磨かずば衰える、というが人間の体も例外ではない。

体に欠かせない睡眠のこんな効用

睡眠には「レム睡眠」と「ノンレム睡眠」がある。

レム睡眠とは、眠っているのに目が覚めているときと同じ脳波が観察されるというものである。レムとは、その特徴である急速眼球運動の頭文字（RaPid Eye Movement）からその名がつけられた。

それに対し、ノンレム睡眠は通常の眠りをいう。

レム睡眠はおよそ入眠してから一時間半前後で出現する。それも比較的規則正しくだ。しばらくレム睡眠がつづくと再びノンレム睡眠がそれに代わり、一夜のうちにレム睡眠はおおむね四回ほど出現する。レム睡眠時はぐっすり眠っているが、脳波やその他の現象が目覚めているときのそれによく似ている。

この現象は人間が一夜のうちに四回程度夢を見ていることを示している。

実際には、目覚める直前に見た夢を記憶し、あとはほとんど記憶にない。したがって

「夕べこんな夢を見たよ」といえるのは、だいたい目覚める直前に見た夢なのである。

さらに「寝覚め」の状況を調べてみると、レム睡眠のときに目が覚めると気分爽快で、逆にノンレム睡眠のときに起こされると、はなはだ不愉快なのだ。

前の晩、早めに寝て睡眠時間をタップリとったはずなのに、なぜか朝起きてみるとあまりスッキリしていないという経験をお持ちの人はたくさんいるだろう。

そのときは、きっとノンレム睡眠のときに目覚まし時計が鳴って、起こされたのではないだろうか。

成人の場合、**一夜の総睡眠時間の二〇パーセントがこのレム睡眠**だといわれている。

生まれたばかりの赤ちゃんでは、総睡眠時間の半分、つまり五〇パーセントがレム睡眠である。赤ちゃんはほとんど夢を見つづけているわけだ。青少年期になると二〇パーセント、高齢者はさらに減り、一三パーセントとなる。

ノンレム睡眠は、疲労回復と発育に関連がある。成長ホルモンがノンレム睡眠に際して多く分泌されるから、寝れば寝るほど人間は育ち、疲労も取れるということになる。つまり、**寝入りばなによく眠るということが疲労回復にもっともいいことになる**のだ。

よく承知のこととは思うが、改めて強調しておきたいことは、人間は、睡眠によって一日の疲れをほぐし、体をリフレッシュさせる。これは非常に大切なことだということだ。

平日、仕事で遅くまで残業し、休日は休日でインターネットやテレビの深夜番組で夜更かししてしまってはいないだろうか？

深夜まで起きていると神経は高ぶり、静まることはない。**本来人間は、一二時前には布団に入るべき**である。

「突然死」はどうして起こるのか

元気なときに積極的に予防を心がけることは、自覚症状のないさまざまな現代の生活習慣病対策には、欠かせないことである。

身近なことからいえば暴飲暴食をさけること。

そしてストレスは貯めずに吐き出すこと。現代は、ストレス要因がきわめて多いから、意識してストレス解消する必要がある。

休日はスポーツ・レジャー・読書（仕事に関連のない本、たとえば推理小説や恋愛小説等を読むこと）などに趣味をおき、人生を楽しむようにつとめることが大切である。

働き盛りの「突然死」が多く伝えられているが、その原因の多くはストレスであろう。競争社会の激しさをあらためて思い知らされる気がする。

しかし、その「突然死」の原因はストレスばかりでなく、食生活にも問題があると私は思っている。

まず、キチンキチンとした食事がとれない、お昼が延びて三時になってしまい、昼休みも十分にとれない。接待や宴会が多くてあまりに贅沢な食生活になっている。「グルメだね」といわれて喜んでいる場合ではないのかもしれない。「グルメ」より「粗食」のほうを私はすすめたい。

ストレスは、一種のアルコール中毒と似ている。

アルコールは体内に入ると肝臓が分解してくれるからまだ救われるが、ストレスは肝臓で分解してくれない。

アルコールは肝臓が分解してくれるといっても、もちろん、その能力よりも余計に入ってくれば肝臓もお手上げである。とりあえず少量であれば特別問題はない。多量の場合、または深酒が何日もつづいたりすると、アセトアルデヒドという物質が体内に残り、最初のうちは二日酔い症状となるが、やがては完全な中毒症状を起こし、手が震えるというわけだ。

ストレスの場合もこれと同じで、ストレスが絶えずかかってくると、まず副腎に障害が起き、ホルモンの生産が落ちる。その結果、さまざまな病気に対する免疫効果をなくし、各種の病気、つまり生活習慣病を併発するようになってしまうのだ。

休日にスポーツを楽しむのはいいことだが、会社の管理職ともなれば、ゴルフを選ぶ人も多いだろう。

しかし、たいていの人が楽しむためにゴルフをするのではなく、接待や商談など仕事を持ち込むことが多い。それではなんのためのスポーツかわからない。あくまでもマイペースで楽しいゴルフ、運動を心がけたいものである。

すべて健康は食生活からはじまる

体力のある若いうちはムリがきく。

徹夜でマージャン、夜通し飲み明かしても一晩ぐっすり眠れば、翌日はシャキッとする。しかし、人間は年をとるにしたがって体力もなくなってくるし、それにともなって基礎代謝も減少する。つまり若い頃ほどエネルギーを必要としなくなるわけだ。

したがって、若いときと同じような食生活を送っていると、肥満を招くことはもちろんのこと、それ以外の障害が多々出てくる。

それ相応の年齢になって、お腹が出ていると「貫禄がついた」とよくいわれるが、「肥満」はりっぱな生活習慣病といえる。

かくいう私も肥満に悩む一人である。かつて、私の妻は私のスリムな姿にほれたといっていたが、気づけば八〇キロ。一時期は食生活に気をつけて七五キロまで落としたものの、また八〇キロあたりをうろうろしている。

食べ過ぎ・飲み過ぎによる肥満は皮下脂肪となって蓄積し、それは貫禄をつけるだけではなく、心臓に負担をかけ内臓や動脈壁に沈着して障害を起こさせる。高血圧、動脈硬化を促進し、糖尿病の誘因ともなる。

「肥満」を防ぐには、バランスのとれた食生活を心がけることが第一である。

まず、とにかく若いときのようにがむしゃらに肉ばかり食べたりしないことだ。肉を食べたらその倍の野菜も食べる。一週間に肉料理より魚料理を食べる回数を増やす。

毎日お風呂あがりに体重計にのって、**自分の体重を常に自分で把握しておく**。だいたい身長から一〇〇を引いた数字、これが自分の平均体重とみていいだろう。

しかし体重がオーバーだからといって、ただただ絶食して体重を減らすことが健康ではない。とくに動悸もなく血圧に異常がなければ、急速に減量する必要はないが、一年に何度となく主治医に相談するのがベストだろう。

タンパク質は筋肉や骨、皮膚、血液を形づくる原料であるから、不足すると体調を崩してしまうが、だからといってがむしゃらにただ食べてばかりいるのは考えものだ。

動物性タンパク質食品には、高血圧や動脈硬化の原因となる脂肪やコレステロールを多量に含んだものが多いからだ。逆に植物性タンパク質食品は、コレステロールを抑えるレシチンという物質を含んでいるので、**高齢になるにつれて、植物性タンパク質を摂取する割合を増やすべき**だろう。

大豆、いんげん豆、はんぺん、脱脂粉乳。特に大豆は低カロリーであるから、納豆や豆腐といった大豆を原料とした食品をマメにとるようにするのがいいだろう。要するに、きまったものばかりを食べずに、なんでもバランスを考えたほうがいい。

やたら薬に頼っても体はよくならない

万一病気になったとき、**病人は極力病気のことは考えないほうがいい。**

病気のことをあれこれ悩んでも、どうにもならないことだし、病院にいるのなら信頼できる医師に任せればいい。

病気のことを考えすぎて、憂鬱になれば気が循環せずに重くなる。重い病気でも気長に養生すれば、思ったより早めに回復することもある。

本来、病気は体に内包する抵抗力によって、自然に治すものであることを忘れないようにしたい。あせらずに自然に回復することを望もう。

また、病気と薬の作用という内戦状態が体の中で起こることもあるから、むやみに薬に頼らないようにしたい。

中国の孫思貌《そんしばく》という人は、「人は理由なくして薬を服用してはならない。ただ薬だけに頼って薬を濫用すると、内臓器官の調子が悪くなって病気となる」と述べている。

薬店に行けば、あらゆる錠剤が陳列されている現代、一般の人でも手軽に薬が手に入り、服用することができる。

また、サプリメントや健康ドリンクが大流行で、それさえ飲んでいれば食生活がずさんであっても大丈夫だという錯覚に陥っている人もいるようだ。

薬、栄養剤、ドリンク剤、サプリメント、健康食品と呼ばれるカプセル類の濫用は避けるべきである。**薬の濫用によって違う薬同士の化学反応が、人体に悪い影響を与えることを忘れないで欲しい**と思う。

「血圧が高くなった」「肝臓が良くない」「腎臓がおかしい」「胃の調子が変だ」などといってすぐに薬に頼る人が多い。一度に何種類もの薬を飲む人がいる。

薬ばかりに頼っていて、肝心の自分の食生活をいっこうに改善しようとはしていないのは、まったくナンセンスだ。朝、昼、晩とも肉料理を食べ、まったく野菜をとらなかったり、毎日毎日お酒ばかり飲んで、しっかりした食事をとらずにいる。

そして調子が悪いからといって、薬を飲む。これでは体がいくつあっても足りないだろう。

現代の食べ物には、熱処理、食品添加物、コピー食品など、人の手が加えられ、人体に悪影響を与える食品も多い。知らず知らず蓄積していくものだから、ふだんから気をつけておきたい。

死を意識したとき、どうするか

長寿国日本。六五歳以上の老人が総人口の四人に一人となる時代も、そう遠くはないだろう。健康だけがとりえだといっている人間に限って健康を害したときにはもろい。なにか持病のある人は常に自分の健康管理を怠らずにいるので、注意もし節制もする。

今、死因でトップを占めているのが「ガン」と「心臓病」である。心臓病は間髪入れずに勝負がきまるが、ガンはある程度の余裕があるからなんらかの行動をとることができるだろう。

私の家内はもしいよいよとなったら、雑用を全部片づけるから、必ず真実を知らせてほしいといっている。私は**雑用は子供たちに死後整理させるほうがよい**と思っている。そのほうがはるかに勉強になるというのは私の経験からだ。

少年時代、私は小遣いの大部分を日記帳を購入することに使った。毎日日記をつけることに生きがいを感じたものだ。やがて来るであろう人生の終局には、この子供の頃の生きがいをまた持ちたいと考えている。できれば日付のないフリーの日記帳にし、毎日日記をつけるのだ。

もし「死」を意識したら、枚数を制限される原稿書きなどは引き受けず、毎日を克明に記録するつもりだ。書けなくなるまで書くつもりだ。私の**歴史の最後の一コマを事細かにかつ綿密に書き残したい**。

そして、やはりなんといってもガンを予防せねばなるまい。しかし、タバコを一度も吸ったことがない人でも、肺ガンになることもあるから、必ずこうだからガンになるというものではない。

それでも、いいといわれることはやはり実行すべきで、このガンにかからないためには次項に述べていることをぜひ参考にしていただきたい。

ガンにかからないための一二ヵ条

ガンは病気のなかでも死因のトップを占めている。たくさんの学者がこのガンをなんとかしようと、懸命に研究を重ねているが、なかなかガンの正体がつかめない。次に紹介するガン予防法は、国立がんセンター研究所の杉村博士が提唱したものである。

① 偏食しない
② 同じ食品を何回も繰り返して食べない
③ 腹八分目に食べる
④ 深酒はやめる
⑤ タバコはやめる
⑥ 適量の各種ビタミンを含んだ食品をとる
⑦ 塩分を過度にとらない
⑧ あまり熱いものは食べない
⑨ 食品のカビに注意する

⑩　日光で肌を焼くことに注意する
⑪　過労しないようにする
⑫　体を清潔に保つ
　この一二項目を頭の片隅においておこう。一〇〇パーセントでなくてもよいから、できるだけ実行するように心がけたい。

　腹八分目に食べるということは、もうちょっと食べたいなというところでやめるということだ。動物に発ガン物質を与えた場合、エサ（つまりは、カロリー）をたくさんやると発ガン頻度が二倍に上がるそうだ。

　また、アルコールとガンの相関ははっきりしないが、アルコール依存症にガンが多くみられることも確かだ。

　喫煙者の中では統計的に肺ガン患者が多いことははっきりしていて、動物の皮膚にタバコタールを繰り返し塗ると皮膚ガンが発生することが実証されている。

　食生活について言うと、植物繊維を多くとると大腸ガンの発生を予防するし、塩分の過食は胃ガンの発生との関連があると同時に高血圧や動脈硬化の原因となる。

　またあまり焦げたものもよくないといわれている。焦げた魚やでんぷん・砂糖などの焦げにも変異原性物質がある。

昔から若者には、肌を焼いて小麦色にするとかっこいいという流行があるが、紫外線を長時間浴びると細胞の遺伝子が障害を受けるので注意したい。

「知らぬがほとけ」という言葉があるが、ガンを本人に告知すべきか否かの問題は、長く論議を呼んでいる。これはその人の性格とも関わりがあると思うが、非常に難しい問題だ。

ガンと告知されて、自分の残り少ない人生を有意義に過ごせると思う人と、もうダメだと逆に生きる力をなくし、食欲もなくなり体力も衰えていく人もいる。

しかし、これは健康で元気のある人の議論であって、本当に体調が悪かったり、精神的に問題のある人にとっては前者のような理想的な考え方がもてるかどうかははなはだ疑問である。

元気の源は「ほどほど」の心がけ

これまであげた「ガン」をはじめとするいろいろな病気は、いったんかかってしまうとなかなか治りにくい。こうした病気にならないためには、日頃から十分に注意が必要だ。少しでもその兆候が現われはじめたら、すぐに専門医に診療してもらい、マメに治療することである。

それと定期検診を怠らないこと。仕事が忙しいからといって、定期検診を受けないでいると手遅れとなってしまう。

三〇歳を過ぎたら、毎年、いや半年に一回は定期検診を受けるべきだろう。肉体的に健康でなければ、いかに楽しく人生を送ろうと考えても、なんにもならない。養生の道は、元気を保つことが根本である。

毎日家と仕事場だけで、ときどき赤ちょうちんに寄ったりする程度では生活習慣病の元になる。お酒も、仕事もやり過ぎず、「ほどほど」を心がけよう。

忙しい毎日だと、こうした生活パターンに陥りがちなことは、皆さんがよくご存じのとおりである。

ときにはしばらく会っていなかった旧友と飲みに行ったり食事をしたり、少し毎日の生活に変化をつけるほうがいい。

「元気」とは、人間の活動の元になる活力、気力のことである。「元気」をそこなう原因・害を取り去ることが、養生の第一たる所以なのだ。年を取れば取るほど、このことが実感されるだろう。

くれぐれも一年に最低一回は定期検診を受けることを忘れないように。そして、医者の忠告は謙虚に聞くようにしたい。

第5章

幸せな将来のための人生設計

まだ早いがもう遅いになるリタイア後の人生設計

日々あわただしく過ぎる会社勤めでは、定年になってからやっと自分自身の人生について考える余裕ができた、という人が多いのではないだろうか。

私もこの年になって改めて感ずるが、定年の年になってから自分の老後を考えたのでは遅すぎるように思う。

還暦を迎えても、まだ二〇年、三〇年の余生があるといわれている長寿時代である。

リタイアしゆっくりとした生活がこれでできると思いきや、その暮らしには年金や健康、夫婦の関係、また家族とのあり方などさまざまな課題が待ち受けている。

何度もふれてきたが、定年してからあわてないためにも、働き盛りのうちから準備と心構えをしておく必要がある。

いざリタイアして直面する悩みは、年金問題や、再就職など、生活設計に深くかかわる問題だろう。また、六〇歳といってもまだまだ働けるから、ボランティアなど自分の力を生かそうと前向きに考える人も多いだろうが、定年したとたんに、気が抜けてしまうなど、メンタル面の悩みを抱える人もいる。

日本人の平均寿命が延びたのはここ数年のことではない。にもかかわらず、こうした悩みが変わらず存在するということは、やはり、だれもが抱える問題だということだろう。

興味深いのは、**悩む人の多くはどちらかといえば大企業に勤めている人が多い**ということだ。

「そのうちなんとかなるさ」ではどうにもならない

ある大手企業の部長であるBさんは、定年まであと一年というときに自分のその後の生活設計を考えはじめた。退職後は、その会社の関連子会社にいくつか話はあるようだが、できれば自分を試してみたいという気持ちから、まったく畑の違う職場に転職口を探すことにしたそうだ。

しかし、なかなかそれがうまくはかどらない。学生時代の友人や知人を訪ね、いろいろを話を聞いてもらったが、あと一年で定年退職だというと、やはり話が進まない。

現役時代には「定年後はぜひウチに来てくださいよ」と明るくいってくれていた友人も、あと一年という言葉を聞くと「まあ、今まで仕事ばかりしてきたのですから、ここで少しゆっくりしたらどうです？」と、なんとなく口をにごされる。なかには、「私に任せてください。あとで連絡しますから」といってくれる友人もいたが、それっきりなしのつぶてなのだそうだ。

あと一年したら自分はこの会社を去らなくてはならないと思うと気ばかりあせって仕事が手につかなかった。こんなにあせるなら、もっと以前から考えておけばよかったと後悔してもあとの祭り。

リタイア後でも安定した収入が得られるのか見通しが立たない限り、不安は増幅する。そして、退職翌年からの住民税の課税や健康保険の負担。それに固定資産税、生命保険と、考えれば考えるほど気分は滅入ってくる。

幸いなことにBさんには住宅ローンはなかった。これが唯一の救いだが、定年後一〇年、二〇年に渡ってのいろいろな出費を考えたら、退職金もあっという間に消え去ってしまうだろう。

それでもこのBさんの例は、むしろ恵まれている方かもしれない。今は、リストラや倒産など、定年を待たずに職から離れざるを得ないケースも珍しくない。

ある評論家はこんなことをいう。

「そのうちなんとかなるさ」という考えは日本人の悪い癖。欧米人は、幼いときから自分はどういう人間になるかという教育を受けている。この世に生を受けた人間は、必ず死を迎える日が来るのと同じように、就職した以上はいつかリタイアする日がくるのが宿命。突然職を失うこともある。いざ直面したときどうするか。なるべく早くから、心づもりをし、人生設計のプログラムを作るべきである。

毎日仕事に打ち込み、将来の不安を「見て見ぬふり」していると、**「そのとき」はあっという間にやって来る。**

そのときあわてても遅い定年離婚

人は転機を迎えたとき、将来への不安と同時に、過去を後悔する気持ちも抱くものである。どんなに立派な人間でも、「あのとき、あんなことをしていなければ」とか「どうしてあんなことをいってしまったんだろう」という後悔はあるものである。また、そういった反省がなければ、人間は前進することができないとも考えられる。

こんな男性がいた。

彼は長年母親とふたりで暮らしていたが、結婚することになった。

結婚しても、母親との別居なんて考えたこともなかった。母親は自分が幼い頃に夫を亡くし、女手ひとつで自分を育ててくれた。結婚しても同居することは、そんな母親への自分の感謝の気持ちだと思っていた。

ところが、母親は女手ひとつで子供を育ててきただけあって、性格もきつく非常にしっかりとしていて、家庭のことは一切嫁に口出しさせなかった。

最初の頃は妻もその不満を夫にぶつけていたらしいが、夫は忙しいこともあり、取り合わなかった。

そんな毎日がつづくうちに、やがて母親の体が動かなくなり、ついに亡くなった。彼は深く悲しんだが、自分にはよき伴侶がいるということが心の支えだった。

葬儀も無事すませ一段落したある日、夫は妻に、「あとは頼む、ふたりで生きよう」といった。

ところが、そういう状況になるまでに、すでに奥さんは離婚を考えていたらしい。

「あとはご自分で」

と、結局、夫の定年を待って退職金の半額を要求して妻は家を出ていったそうだ。夫はもどってくれと何度も手紙を書いたが、あとの祭り。うつ状態に陥ったのも当然だったかも知れない。

自分が妻の言葉に耳を傾けなかったことを反省してみても、今さらどうすることもできない。

老後の夫婦関係を決定するこの時間の使い方

一九四七年、敗戦直後の日本人の平均寿命はたったの五〇歳であった。

そういう時代から考えると、現在はまるで夢のように変わった。それは一九八二年から、日本が世界一の長寿国をずっと維持していることからもわかる。

したがって平均的に考えると、子育てを終えた夫婦は、そのあと二〇年から三〇年は共に夫婦だけの生活を送ることになる。

夫婦のそれぞれが果たす役割も、時代や社会の状況によって変わってくる。「嫁して、三界《さんがい》に家なし」などと昔は言われたが、そんなことをいったら今の若者たちは封建時代の遺物だなどと笑うだろう。

しかしいくら時代が変わっても、家庭は夫婦が共同して築くという原則は変わらないだろう。

夫婦という共同体をうまく運営していくためには、互いの立場をよく理解し、相手に対しての思いやりを忘れないようにしなければならない。

毎日毎日汗水たらして働く夫と、子供の面倒や教育を任されている妻、それぞれの言い分はあるし、不満もあるだろう。夫婦ともに仕事を持っているなら、また別の思いがあるかもしれない。

お互いに不満が溜まっていくと、取りかえしのつかないことになりかねないので、なにかギクシャクしていると思ったら、思い切って、また夫婦間のマンネリを打破するためにも、夫婦揃って旅行を楽しむことも悪くない。

旅に出るとすべての点でのんびりする。

夫は仕事を忘れるし、妻は家事から解放されてゆったりとした気分になれる。朝も早く起きる必要がないので自分たちのペースで起き、食事も食べたいときに食べられる。

一年中二人で旅行しているわけにもいくまいが、年に二、三度ぐらいなら許される範囲だろう。**旅の効用ははっきり目に見えるもの以外にも限りなくある**ものだ。

旅行をすると新しい発見にめぐり合える。そして新しい発見に出合ったことによって感動が生まれ、その感動を二人で分かち合える。

また旅先では、夫婦が互いにいたわりあう気持ちが生まれる。ホテルや切符の手配、またレンタカーを借りたときも、初めて走る道はなにかと不安だが、助手席で妻が地図を広げて右、左と指図してくれるのはうれしい。一人旅やグループでの旅にもそれぞれいいところがあるが、夫婦の二人旅はまた格別なものなのだ。

昔から**夫婦は一心同体**という。言葉でいえば簡単なことだが、ほんとうにこの境地にたどり着くのはたやすいことではない。

相手に対しての思いやりを忘れると、やがては夫婦の間にトラブルが発生する。お互いに相手を〝認める〟ところに幸福感、満足感が生まれるものかもしれない。

〃夫婦とも白髪〃は甘い考えに過ぎない

先のBさんの例を見てもいえることだが、いざリタイアして、また、リストラの憂き目にあってから、「さてどうしよう」と考えるのでは遅い。現役で仕事をしている段階で、少しずつ自分を見つめながら生きがいを見つけ、将来設計を考えていなければならない。急に夫婦で「さあ考えよう」といったって所詮無理な話である。

夫の定年退職を、妻がまったく別の方向で「転機」にするケースがある。もちろんこの妻の「転機」は夫が予想もしなかった事態である場合が多いのだ。

それぞれに育った環境のまったく違う男女が縁あって結婚して、三〇年、四〇年とひとつ屋根の下で暮らしてくると、実にいろいろなことがあるだろう。

しかし、「波瀾万丈《はらんばんじょう》」を経ながら少しずつほんとうの夫婦らしくなり、だんだん地も固まっていくのだ。

一番いけないのは親のことや子供のことで、「家庭はおまえに任しているのだから、いちいち俺にグチをいったり、相談するな」というように、**コミュニケーションを断つよう**

な態度である。

家庭のたいへんな部分はすべて妻に押しつけ、自分はやれつき合いだ、仕事だと、夜も遅ければ、休日は休日で接待ゴルフ。これでは妻が哀れだ。

それまでは散々に好き勝手なことをしていたくせに、いざ定年となって、

「俺とおまえはともに白髪の生えるまで。よろしく頼むよ」

といったところで、なかなかそううまくはいかないのではないだろうか。

時代の最先端で仕事をしているような人でも、肝心の家庭という生活の基本はおろそかにしがちである。ここに社会のさまざまな病根があるのではなかろうか。**日頃から夫婦で過ごす時間や家庭の大切さ**を知ってほしいものだ。

日頃の家事の訓練が思わぬ効果をもたらす

社会に出てからずっと仕事に打ち込んできた人にとって、定年やリストラは経済的のみならず、心理的にも大きなショックとなる。

毎日満員電車に揺られ、前夜遅く帰宅していても朝は同じように起きて出社するという生活に、ときには嫌気も感じながらそれでも会社に向かっていた毎日。

そんな日々を考えたら、仕事のない生活はなんとのんびりしていることだろう。

それなのになぜ、職場という長年心血を注ぎ込んだ自分の世界を失うと、人間はまるで穴の開いた風船のようにシューッと音を立ててしぼんでしまうのだろう。

一般に**年齢が上になればなるほど、夫は妻に依存する度合が増す。**

自分が毎日どうやって過ごそうかと考えているときに、女房がイソイソと「〇〇教室」だとか「〇〇の集まり」だとかで出かけていくのを見ると、なんとも複雑な心境に陥り、最初はそれでも我慢して知らぬ顔をしているが、あまり回数が頻繁になると文句のひとつやふたつもいいたくなる。

「とうとう文句がきたか」と思いながらも、妻はそんな亭主に冷ややかになり、「まったくウチの濡れ落ち葉がね」と、妻のほうが夫からだんだん離れていってしまうのだ。

女性は夫に先立たれても、きっと立ち直りが早いような気がするが、男の独り暮らしはそれに比べてどうしても暗いイメージがつきまとう。

これは台所にさえ立つことに慣れていないせいかもしれないが、そうならないためにも普段から少しずつ台所仕事に楽しみを見出すとか、家事などを通して自然をいとおしんだり、また社会との交流を深めていくことも、生涯の設計プランに組み込んでいったらどうだろう。

「男子厨房に入るべし」の意外な効用

「男子厨房に入らず」なんて粋がっているのもいいが、「男子厨房に入るべし」もまた悪くない。

私は仕事で多忙なときもヒマを見つけては、箱根の山荘に出かける。むろん仕事のためにだ。

この箱根の山荘は、祖父が造り父が夏のほとんどを過ごした場所である。父は暑い時期に、この山荘に滞在し一二〇〇余首の歌をつくり、たくさんの歌論を書いた。

終戦後、私たちが苦労して維持し、なんとか人手に渡さずにすんだこの山荘は、むろん昔の建物は耐用年数がきて建て替えたが、ここで私はタマには自炊をする。

自炊といっても料理の本から抜け出たような料理を作ろうというのではなく、最も原始的な食事をなんとか作るのだが、それはそれで男心をくすぐる。

かつて桐島洋子さんが『聡明な女は料理が上手い』という本を出されたが、「聡明な男も料理が上手い」と私は勝手に自負する。

料理に順序などいらない。楽しくおいしく食事ができればいいわけだし、自分で作れば自分の好きな味に仕上げることができる。

最近、「男の料理教室」というのがはやっているようだが、私にいわせれば料理教室に通わなくても身近に女房という先生がいれば、タダで教えてもらえるのだから大いに頼りにすべきではないだろうか。

もちろん「料理教室」に参加してみることも仕事以外の社会との交流を深める意味では役立つだろうが、とにかく「定年」になる前に毎日毎日仕事に追われ、週末なにも考えずに過ごすのではなく、将来のプランを立ててみたらどうだろう。

その一環として、ときには厨房に入ってみてはどうだろう。**意外な自分を発見できるか**もしれない。これでまた、人生の楽しさが増えればいうことはない。

倹約は学ぶべき生活の知恵

最近は、町に出ると必ず消費者金融の大きな看板を目にする。なんでも、比較的簡単にお金が借りられるという。

倹約ばかりを考えていると毎日が楽しくないが、倹約を心がけずに世の中の成り行きに任せていると、人間は困窮し、はては破産ということになる。

長引く不況が背景にあるのだろうが、〝自己破産〟する人が増えているという。クレジットカードばかりを持ち歩き、それで買い物したり遊びに使う。このカードが曲者で、現金を持っていなくてもどんどんお金が使える。

好きなときに買い物もできるし、遊びにも行ける。しかしこれが〝自己破産〟につながる大きな落とし穴だ。給料日に支払えば……という甘い考えで好きなようにカードを使っていると、その額はみるみるうちにふくれあがり、せっかくお給料をもらっても、その支払いで給料日時点で残金がゼロになってしまう。

それだけならいいが、それがたび重なると、しまいにはその額がマイナスになり、そのマイナス額が支払えないほどの金額になる。

さらに、リストラなどで収入が途絶えると、借金の金額は雪だるま式に大きくなってしまう。

倹約は、今現在を、そして老後を快適に過ごすための生活の知恵でもある。定年後は、仮に再就職できたとしても、前のような給料はなかなか貰えない。

それにもかかわらず、退職金や蓄えがあるからといって、これまでと同じような気持ちで生活していたら、お金はいくらあっても足りなくなる。ケチと呼ばれようが、シブチンと陰口をたたかれようが倹約できるところは倹約する。いざというときには誰も助けてはくれない。

そのためにも、早めに考えをめぐらし、先ざきのことにまで気を配ることが大切だ。

タテとヨコのつながりが人脈づくりの決め手

子供は成長してしまうと、親と一緒に行動しなくなる。週末に買い物に行こうと誘っても、まず断られるのは目に見えているし、ましてやああだこうだと口出しすれば、とたんに「うるさいなあ」とくる。

ムッとする心を抑えながら、「これも成長した印かな」と自分にいい聞かせ、子供なしの週末の過ごし方を考えなくてはならないと思いはじめるのである。

しかし、平日は会社、休日は家族と、という過ごし方をしている多くの人にとって、今すぐに家族以外、会社以外の人と親しくしようと思ってもそれは無理な話だ。

だが、人間関係というのはなにかの絆があって生まれるものであるから、会社とか仕事とは別に、日頃から広く人間関係をもっておいたほうが、なにかとさびしい思いをしないですむと思う。

仕事以外に人と知り会う機会が少ないと思っている人は、気軽な気持ちで人脈を掘り起こしてみよう。

まずは**「人の集まる場所」へ積極的に出かける**。人と出会わなければ、人間関係をつくることはできないのだから、自分からすすんで参加しようと思わなければダメだ。

たとえばパーティーは、とにかくたくさんの人がいるし、いろいろな人と会うことができるし、重要な人脈拡大の場なのである。しばらく会っていない友人とも、わざわざ連絡してアポイントをとることもなく会うことができるし、そこからまた別の輪が広がったりする。

また、初対面の人と出会うチャンスも得られ、あまり肩を張らずに知り会うことも可能だ。

仕事関係の勉強会にも、カルチャーセンターや語学学校にも思い切って申し込むといいと思う。とにかく、人がたくさん集まる場所にできるだけこまめに顔を出して、積極的に話すようにする。それが新しい人間関係のきっかけをつくる一番の早道といえるだろう。

要は、タテであろうがヨコであろうが、いろんなつながりを大いに利用することだ。そうした努力が、結果的には人生を楽しいものにしてくれる。

留年した学生に先生が言った。

「キミ、よかったね、友達が二倍に増えるよ」

豊かな人生のための「趣味縁」の結び方

きっかけばかりを求め、せっかくそれを見つけても耕さなければ意味がない。そのためには肩書きを外してつき合いをするように意識したい。

名刺社会といわれている日本。名刺を交わさなければ、初対面の人と話もできないというのではおかしいと思う。

どうしても名刺を交換したい人や、交換しないと話がはじめられないという人は、「○○会社の○○部」という肩書きが入っていない自分流の名刺を作ってみたらどうだろう。そうすれば会社とは無関係で、人脈を増やすことができる。

名刺には自分の住所と電話番号、できれば趣味なども入れておくと、そこから会話が生まれるかもしれない。

共通項を探すのもひとつの手だからだ。住所が近所であったりしたらもうけもの。また出身地が同じだとしたら、非常に親近感を覚えるし、これでＯＫだ。

趣味が一緒の友達を見つけるためには、自分の趣味を生かせる場所に出向くことが一番いい。

人と人のつながりを「縁」という言葉で表現するなら、「趣味」でつながった関係を「趣味縁」ということができるだろう。**「趣味」＝「老後の財産」**と私は思っている。

私の趣味のライバルは非常に多くいるが、その一人に阿川弘之《あがわひろゆき》さんがいる。

阿川さんは、無類の乗り物好きで、これは『南蛮阿房列車』など氏の紀行文を読むとよくわかる。私も飛行機をはじめ、乗り物大好き人間である。そして、ここで趣味を同じくする者同士の交友関係が生まれ、それはライバル関係に発展する。

以前、阿川さんからアメリカの航空母艦カール・ビンソンのオフィサーがかぶる帽子や食堂のメニューを見せられたときには、さすがの私も悔しい思いをした。阿川さんは「エヘン」といった。

カナダの横断鉄道は西に近づくとふたつの線路に分かれる。私は阿川さんの乗っていないほうの線に乗って車中から「エヘン」と書いたハガキを出した。

今は亡き漫画家のおおば比呂司《ひろし》さんも「飛行機好き」仲間の一人で、私の大事なライバルだった。

私はかつておおばさんと飛行時間の競争をしていた。はたから見れば〝そんなことで〟

と思われるかもしれないが、当人同士は真剣でマジメなのだ。

引っ込み思案からはなにも生まれない

平均寿命が四〇歳という時代に、アルキメデスは七五歳で鏡を発明し、ソフォクレスは七〇歳で『エディプス王』を書いた。そして後年、ゲーテは八三歳で『ファウスト』を完成した。この時代でも、平均年齢は五〇歳そこそこだったと推察される。

年齢は上でも、彼らはけして〝引っ込み思案〟ではなかったはずだ。

〝引っ込み思案〟はひかえめとは違う。もっともあまり自己主張が強すぎると、かえって人に迷惑をかけるかもしれないが、いい意味での〝図々しさ〟は必要なのだ。

出無精な人にも同じようなことがいえる。重い荷物を持つことや混んだ電車に乗ること、そしてテクテク歩くことがおっくうで、結局家にいるほうがいいやと思い込んでしまう人がいる。

たとえば、友達同士でたまには旅行でもしようという話が持ち上がっても、どうも気のりがしない。みんながあそこがいいとかここがいいと盛り上がっていても、一人だけどうでもいいやというふうに妙に冷めている人がいる。好奇心のアンテナが錆びついているようにみえる。

私もよく地方から講演を頼まれるが、どんなに忙しくてもできるだけ引き受けるようにしている。かといって講演大好き人間なのではない。しかし、その土地に行けばそこで新しい発見もある。初めての土地ならふたつ返事でとびつく。

東京に住んでいても、一度も東京タワーに登ったことがないという人もいる。遠出が無理なら自分の家の近所を探索して歩くのも面白いかもしれない。普段通ったことのない道を選んで散歩してみるのもひとつの手だ。

パンフレットを参考にしたり、人の意見に耳を傾けることも必要だが、あまりそればかりにとらわれていると、自分の考えがゼロになる。それでは人生を半分しか生きていないのと同じことになりはしないか。

なにに対しても好奇心の目を向け、人の意見を参考にしながらも自分の考えを持つ。その人その人、物の見方考え方がそれぞれ違うのであるから、ある人がそう感じても、自分は違った見方をするかもしれない。とにかく自分の目で見て確かめる。

好奇心の目を持ち、図々しさとユーモアを兼ね備えていてもあくまで相手があってこそ光を放つ。ボケを運んでくる最大の要素は孤独であるから、あまりに孤独を楽しんでばかりいるとおのずと人間は感情が鈍ってくるものなのだ。

老化を遠ざけるこんな性格

旅行のときに母は必ず塩こんぶを持参した。私が現地の有名なワインを飲んでいようと、フォアグラを食べていようとおかまいなしにその塩こんぶを食べさせようとするのが母の癖だった。

こうした品物は、まるで非常食のようにひとつ使ったらひとつ補充するといった具合に、常に不足がないようにしていた。

また、旅行に持って行くトランクにも愛用の手提げかばんにも、母は自分で内側に布を縫いつけた。それが内ポケットの役目を果たしていたのである。

母はこうしたマイペースな生き方に頑固に固執した。ときにはわたしもこのマイペースぶりにほとほと参ったこともあったが、このおかげで苦しくも楽しい旅行ができたのだとすれば、感謝しなければなるまい。

また、母はつねに「強がり」であった。最後の入院のとき、つき添っていた妻・美智子に向かって、

「私が退院したら、メキシコのユカタン半島のどこそこにぜひ行きたいわ。あそこはまだ見ていないから」

といったほどである。

これは、私たちに対する母の**最後の「強がり」**であった。最後の最後まで他人にスキを見せない人であった。大好きな旅行をしているときでもかなりの失敗談があったはずだが、それも絶対に家族に話さなかった。

ただひとつだけ例外がある。それは、南米のチチカカ湖で船に乗るときに、渡し板がはずれて湖へドボンと落ちてしまった。しかしこれも「くやしい」とか「たいへんだったのよ」というのではなく、「おっこっちゃったのよ」といった感じで、いかにもうれしそうに話した。

チチカカ湖は、日本の富士山よりはるかに高い高地にあり酸素が希薄だから、そこで水

に濡れるということは肺炎を起こすおそれがあるのに、自分はこうして元気に帰宅したということを誇示したかったに違いない。

母は濡れた衣服をすぐに脱ぎ捨て、ストリッパーそこのけの姿になり、もって来させた毛布にくるまったのでカゼをひかずにすんだのだ。

適度な「強がり」も適度な「自己顕示」も、母にとって老化予防のひとつだったのだろうという気がしている。

「おおらか」が長寿の決め手

画家・梅原龍三郎《うめはらりゅうざぶろう》はウイスキーのボトルを二日に一本の割合で空けるという酒豪だったという。ところが亡くなったのは九七歳。アルコール依存症の平均寿命が五三歳であることから考えると、画伯は人並み外れて酒に強かったのだろう。

この梅原画伯は、亡くなる一、二年前ぐらいから、すでに亡くなっている夫人のことばかり話していたという。この世の人ではない夫人のことを探したり心配したり、これは老年痴呆が理由だと思われるが、こういう症状が周囲の人に気づかれるのが七〇歳代の末から八〇歳代半ばにかけて最も多いことを考えれば、画伯はこの点でも強い人間であったといえる。

中川一政《なかがわかずまさ》画伯も、同じく九七歳で亡くなった。

意識障害の中でも空中に指で構図を描いておられたとご長男からうかがったが、まさに「絵の鬼」だった。

梅原画伯、中川画伯、双方ともに性格がおおらかで、**神経質にくよくよしたりしない**。しかも**仕事を楽しんでやる**という共通点があった。

絵を描くことは老化現象防止に大いに役立つ。絵を描くだけではなく、目を働かせ、手を動かすことは脳の感覚野の三分の一以上も使うし、右脳を活性化し、同時に左脳を休ませるから、よい結果をもたらすという利点がある。

誰にでも老化は襲ってくる。記憶力障害、新しいことを忘れる記銘力障害、このような事柄は多かれ少なかれ老化の一症状として出てくる。

「初老期」と「老年期」の間に線をはっきりつけることは不可能だが、老年期に起こるうつ病もべつに特別なうつ病があるわけではなく、本質的に青年期、壮年期のうつ病と異なるところはない。

子供たちもみんな独立して精神的にも親から離れていくと、ホッとしてうれしく感ずると同時に、やはり孤独感を味わうことになる。とくに、父親は家庭での地位や主導権も落ち目になってくるかもしれない。いろんな意味で、老年期うつ病には心因性が多いし、また心気的な訴えも増えるのが当然だ。

もうひとつ忘れてはならないのは、老年期の精神症状の中には**人の同情を引きたい、人の自分への関心を取りもどしたい、もっとかまってほしい、といった「病気への逃げ込み」の感情が混入している**ということだ。

私の老化防止法——一見意味のないことのこんな効果

人類が地球上に散らばり、それぞれの拠点を作ったのも原点をたどれば好奇心という一点にたどりつくだろう。人間が好奇心を失ったら、おしまいだといってもいいだろう。

以前、私がオーストラリアの北端ダーウィンからバスでスチュアート・ハイウェイを南下したときのことだ。昔から、ここでは道路のところどころに設けられた電信所によって、通信が行なわれていた。

施設は近代化がなされているが、現在もその電信所は一定の間隔で設けられているようだった。したがって、その電信所を通過した時間を記録しておけば、車はほぼ一定のスピードで走っているから、およその距離感覚がわかるはずだ。

そんなことは役所か電信会社に行けばわかることだが、自分でそれを実行することに意味がある。時計を見て時間を手帳に書き込むというただそれだけの行為だが、私は自分で調べたという満足感を持った。

私は飛行機に乗ると、機種や機体番号、座席番号、機長名、スポット・アウト時間、使用滑走路、滑走開始時のスタンディング・テイクオフ（一時停止してから走り出すこと）かローリング・テイクオフ（誘導路から滑走路に入って停止せずにいきなり走り出すこと）かの別、滑走時間、そして目的地に着けば着陸時間、スポット・インの時間、機内食のメニューやワインの銘柄等を手帳に記録する。

一文にもならないこんなことがいったいなんの役に立つのか、と問いただされても答えようがないが、「これは私の強迫観念です」とでもいうより仕方がない。

要は、手を動かすこと、頭を使うこと、なんにでも興味を持つこと。
これはしないより実行したほうがいいにきまっている。

わが道をゆく(ゴーイング・マイ・ウェイ)に勝る道はない

アメリカの高齢者たちは、なぜか非常に「**明老**」だ。この秘密は、老人としての生き方を多様な選択肢の中から選べるというチョイスの充実からだろうか。

〝趣味に生きる〟〝優雅に生きる〟〝働きつづけたい〟という選択ができる社会システムが、アメリカは日本に比べて充実しているように思う。

それと自立の精神、つまり年を取ったとき社会や若い人に依存して生きるという考え方ではなく、健康である限り自分一人で生きていこうという徹底した姿勢があるからかもしれない。

また、**現在性を肯定的、楽観的にとらえる気持ちをもつことも大切**だ。

収入がほしいからとか健康にいいからとかではなく、仕事が面白いから、楽しいからといった具合にとにかくエンジョイする姿勢が非常に強いのである。

以前乗ったノルウェーの客船「ロワイヤル・バイキング・サン」の船客四〇〇人中アメリカ人は実に八五パーセントを占めていた。しかもほとんどが引退組の高齢者だった。

それと、**人の悪口に惑わされない**ことも大切なことだ。

悪口などというものは、たいていちょっとした過ちを大げさにいい立てたり、またすこし似ているに過ぎないものをいかにもそれらしくいうものだからだ。ないものをさもあったように話したり、嫌いなことだと知りながらわざとそれをいって怒らせたりする。

こういうのはどれも巧みな悪口なのであるから、聞くほうはそれをはっきりと見極め、耳を貸さないことだ。

才能のある人でも悪口に惑わされやすいのは悲しむべきことである。その点、何度もふれたように、私の母の人生はまさに「ゴーイング・マイ・ウェイ」であった。だから母を嫌う人も多かったかも知れない。しかし今思えば、人に嫌われることは、どうということはないようにも感ずる。

私も母とともに旅をしたことは何度となくあるが、母のトランクのなかみをのぞいたことは一度もなかった。

母が亡くなった年にはじめて母のトランクを開けたが、その中には洗いざらしの浴衣、それも背中に紐を縫いつけたもの、雨傘、カーディガン、ストッキングのスペア、糸、針、手帳とボールペン、パスポート、薬、包帯、正露丸に抗生物質、眼薬、眠剤、それにとらやのようかん、キャンディーにおせんべいが入っていた。いつでも飛び立てる意欲にみちたトランクだった。

結局、この私もこの母に似てきている。だからこそ、私もゴーイング・マイ・ウェイだ。

「人生に悔いなし」のために

とはいえ、これまでの人生の道筋を、いつも自分のペースで歩いてこられたわけではない。ただ、どんなときも「ほどほど」という気持ちを忘れずに、仕事だけでなく、趣味も、人づきあいも、楽しんできたつもりだ。

今改めて振り返ってみれば、そのおかげで人生をたっぷり楽しめたような気がする。

この本の最後に、私よりも若いであろう読者の皆さんにぜひお伝えしたいことは、**将来**

のことを必要以上に心配することはない、ということだ。

気を揉んでいたずらに時を過ごすよりも、なんでもいい、今からできること、したいことをしてみるといい。まずは行動を起こすことだ。老いは、考えていなくてもだれにでも来るものなのだから。

母は、飛行機に乗ることが好きなだった。前にふれたように、私を初めて空に連れていったのも母である。母は生前「私の遺灰は飛行機で空から撒いてほしい」といっていた。法的なこともあって、母の場合それは実現しなかったが、インドのガンジー首相の遺灰は飛行機からヒマラヤ山中に撒かれたし、エイズ患者として亡くなった俳優のロック・ハドソンの灰も、孤独の死を遂げた後、遺言によってロサンゼルス沖合いの私もかつて訪れたことのあるサンタ・カタリーナ島に撒かれた。

最近、日本でも遺灰を海などに撒くことが許可されたから母は少々早く死を急ぎ過ぎたかもしれない。

そんな母・輝子の生前の口癖は、「もうじき死にますから」だった。七九歳で南極に出かけたりしたが、「もうじき死にますから今のうちに」といい私を脅迫した。そんなこんなで母は私どもを脅迫しつづけて一〇〇回あまりの海外の旅を強行した。

父の墓には「茂吉之墓」と彫ってあるから母の入る墓がない。私は母のために別の墓をつくった。

その墓に、実際に母が入るまでに三〇年かかった。

そんな母だが、いよいよ体も弱り、亡くなる三カ月前に最後の入院をしたとき、つき添っていた私の家内にさかんにもらした言葉は、「退院したらメキシコのユカタンにまた行きたいわ」であったそうだ。

「もうじき死ぬから」といいながら「また行きたいわ」と母はいったのだ。しかし、入院する前年に行った箱根の山小屋のゲストブックに「箱根はこれが最後だと思います。皆とてもよくしてくれて有り難う」と記していることから、すでにその時点で母は死期を悟っていたと思われる。

しかし母は、持ち前の負けん気でメキシコ云々といっていたのかもしれない。

老いがきても**今までの自分の人生に悔いがなければ、死を怖れる必要はない**。また老いても自分になにか生きがいがあれば、なにもビクビクすることもないのだ。

著　者

斎藤茂太（さいとう・しげた）

1916年東京生まれ。慶応義塾大学医学部で精神医学を専攻。医学博士。斎藤病院院長を長くつとめたほか、日本精神科病院協会名誉会長、日本ペンクラブ理事、アルコール健康医学協会会長、日本旅行作家協会会長などを歴任。主な著書に『会社・仕事・人間関係が「もうイヤだ!」と思ったとき読む本』『心をリセットしたいときに読む本』『グズをなおせば人生はうまくいく』など多数。2006年没。

＊本書は2004年に小社より刊行された『「ほどほど」で人生はうまくいく　モタさん流「仕事」「健康」「人間関係」のバランス術』（斎藤茂太著）を改題し新たに刊行するものです。

じっぴコンパクト　014

「もう疲《つか》れた」と思《おも》ったときに読《よ》む本《ほん》

モタさん流《りゅう》「心《こころ》のゆとり」のつくり方《かた》

2008年4月26日　初版第一刷発行
2009年8月28日　初版第七刷発行

著　者……………斎藤茂太
発行者……………増田義和
発行所……………実業之日本社
〒104-8233　東京都中央区銀座1-3-9
電話（編集）03-3562-4041
　　（販売）03-3535-4441
http://www.j-n.co.jp/
印刷所……………大日本印刷
製本所……………ブックアート

ISBN978-4-408-42002-8（書籍管理）